Meditation

Das Praxisbuch

Nicolaus Klein

Meditation

Das Praxisbuch

Übungen im Sitzen, Stehen,
Liegen und in Bewegung

6 Vorwort

8 Meditation – Wesen und Wirkung

10 Grundlagen der Meditation

24 Wirkungen regelmäßiger Meditation

28 Formen der Meditation

30 Meditation im Sitzen

Meditieren auf einem Stuhl 31
Verschiedene Sitzhaltungen 32
Handhaltungen 34
Modalitäten 36
Die Konzentration verbessern 38
Kleiner Qi-Gong-Kreislauf 40
Tipps für das Meditieren 44

Inhalt

46 Meditation im Stehen

Der Qi-Gong-Stand 47
Qi-Gong-Stand: zwei andere Haltungen 48

50 Meditation im Liegen

Entspannt Liegen 51

52 Meditation in Bewegung

Ruhiges meditatives Gehen 53
Varianten der Gehmeditation 54
Tai Chi 56
Qi Gong 58
Yoga 66
Tanzmeditation 68

70 Meditation im Alltag

72 Meditativ leben

78 Arbeit und Meditation

80 Sport und Meditation

82 Anhang

Vorwort

Frieden finden in der eigenen Mitte

Sehnen wir uns nicht alle nach dem Glück wirklicher Zufriedenheit, nach tiefem inneren Frieden?
Wer die äußere Welt betrachtet, wird erkennen müssen, dass es trotz aller gut gemeinten Bestrebungen in der Menschheitsgeschichte bisher nicht gelungen ist, in der Welt draußen den Frieden zu etablieren.
Jeden Tag hören wir ringsumher vom Krieg und der Zerstörung.

Und doch wird immer wieder von Menschen berichtet, die den seligen Zustand inneren Friedens trotz aller äußerer Widrigkeiten gefunden haben.
Einen wirklichen Frieden gibt es nur im Inneren. Unter den stürmischen Wogen an der Meeresoberfläche wird die Bewegung ruhiger, geht in eine sanfte Dünung über und findet ihr Ziel in der Tiefe des Meeres in völliger Stille.
Der Weg dorthin heißt Meditation – Versenkung.

Sie ist das Heilmittel, lateinisch: remedium (zurück in die Mitte), für die Wunden der Welt.
Sie führt uns aus der Welt der Äußerlichkeiten, des Außer-sich-Seins, wieder zu uns hin. Verinnerlicht uns. Lässt uns heimkehren in die Mitte allen Seins, wo wir unseren Ursprung haben.

Alle Kulturen kennen den Weg in diese Mitte und haben im Osten wie im Westen unzählige Formen der Meditation entwickelt, von denen ich Ihnen einige in diesem Buch vorstellen möchte.
Meditieren lernen kann jeder – man benötigt dazu keine besonderen Fähigkeiten oder Fertigkeiten. Sie müssen es wollen.
Dabei ist eines vor allem wichtig. Es hilft nicht, über Meditation zu lesen. Sie will durch praktische Übung erfahren werden. Meditation ist ihrem Wesen nach gelebtes Leben und nichts für Theoretiker und »Schriftgelehrte«. Sie ist kein Gegenstand der Kommunikation, sondern kann nur in glücklicher Kommunion mit anderen geteilt werden – im Schweigen wissend.
Und obwohl sie von ihrem Wesen her durch Einfachheit gekennzeichnet ist, können schon kleine Details in der praktischen Durchführung das Ergebnis maßgeblich beeinflussen.
Daher kann und will ein solches Übungsbuch einen Meditationslehrer nicht ersetzen, aber Ihnen vielleicht doch immer wieder den wichtigen Impuls vermitteln, auf diese sanfte und doch so wirksame Weise etwas Gutes für sich zu tun.
Meditation ist ein Weg zu tiefer Einsicht, zu der viele Menschen leider erst in der Aussichtslosigkeit hinfinden.

VORWORT

Vielleicht gehören Sie zu den wenigen, die die Heilungskräfte der Meditation freiwillig und vorbeugend einsetzen wollen, ganz gemäß Buddhas Worten: »Ein gutes Pferd läuft bereits im Schatten der Peitsche.«

Mag Sie dazu ein Wort des tibetischen Meditationsmeisters Sogyal Rinpoche anregen: »Meditation zu erlernen, ist das größte Geschenk, das Sie sich in diesem Leben machen können. Denn nur durch Meditation können Sie den Weg zur Entdeckung Ihrer wahren Natur beschreiten. Und nur in ihr werden Sie die Stabilität und das Vertrauen finden, die nötig sind, um gut zu leben und gut zu sterben. Meditation ist der Weg, der zur Erleuchtung führt.«

Übrigens: Viele Bücher zum Themenkreis der (Bewegungs-)Meditation zeigen Spezialisten ihres Faches in bewundernswerter Körperbeherrschung, geben damit aber gleichzeitig dem noch ungeübten Leser ein Alibi, selbst untätig zu bleiben, weil er sich dazu nicht oder erst nach jahrelangem Training in der Lage sieht.
Hier haben Sie keine Ausrede. Dies ist ein Buch für die Praxis. Alle vorgestellten Übungen sind trotz ihrer tief greifenden Wirkung sehr einfach und von jedermann leicht zu praktizieren!

Viel Freude und Spaß dabei!

Meditation – Wesen und Wirkung

Meditation ist ein Bewusstseinszustand und nicht eine äußere Form.

MEDITATION – WESEN UND WIRKUNG 9

Grundlagen der Meditation

Vom Wesen der Meditation

Den Geist zentrieren, die Seele heimkehren lassen, den Körper entspannen

Um erfassen zu können, was Meditation wirklich ist, müssen wir sie von einem formalen und einem inhaltlichen Aspekt her betrachten. Denn viel zu oft wird der Fehler gemacht, Meditation nur über ihren formalen Aspekt zu definieren, wie etwa den Lotussitz.
In dieser äußeren Form zu üben muss nämlich gar nichts mit Meditation zu tun haben. Es kann auch nur inhaltsleerer Formalismus sein.
Andererseits kann die Art und Weise etwas ganz Alltägliches zu tun, wie etwa Schuhe putzen (was wir normalerweise nicht als meditative Handlung bezeichnen würden), Ausdruck tiefer Meditationspraxis sein.
Meditation ist also viel mehr die Art und Weise, wie Dinge getan werden, als das was wir tun.
Die Wirkung einer Meditationsübung hat entscheidend damit zu tun, mit welcher Bewusstheit (Achtsamkeit) sie praktiziert wird, ja man kann Meditation grundsätzlich als Bewusstseinstraining verstehen.
Es geht um die innere Beteiligung am Geschehen und es kommt darauf an, sich auf das, was wir gerade tun, so tief wie möglich einzulassen. Eine Übung kann also keinen wirklichen meditativen Prozess in uns auslösen, auch wenn sie noch so perfekt in der äußeren Durchführung wäre, es ihr aber an der entscheidenden inneren Haltung fehlt.

Dagegen kann einfaches Sitzen oder Gehen – mit der rechten inneren Einstellung erlebt – unser Leben, und dies nicht nur in gesundheitlicher Hinsicht, grundsätzlich verändern.
Wir werden später die Kriterien und Prinzipien im Einzelnen kennen lernen, die zu dieser rechten Einstellung gehören.
Natürlich spielen – trotz des oben Gesagten – die traditionellen Formen und Haltungen beim Meditieren eine wichtige Rolle, haben sie sich doch über Jahrhunderte der Übung geschliffen und immer weiter verbessert. Deshalb ist es sicherlich ratsam, sich an diesen Formen exakt zu orientieren und die entsprechenden Meditationsrituale genau zu befolgen.
Und doch ist es vor allem entscheidend zu wissen, dass jede Form nur ein Transportmittel und ein Übungsinstrument für die Bewusstseinsschulung darstellt und kein Selbstzweck ist.

Als Erstes können wir also festhalten: Meditation meint den Bewusstseinsgrad, mit dem wir das tun, was wir tun.
Wenden wir uns nun den spezifischen Kriterien zu, die erfüllt sein sollten, damit wir von Meditation – gleich in welcher Form – sprechen können.

MEDITATION – WESEN UND WIRKUNG

Achtsamkeit

Achtsamkeit meint differenziertes, präzises Gewahrsein dessen, was ist. Die Achtsamkeit wird also immer auf tatsächlich – und zwar in der lebendigen Gegenwart – Existierendes gerichtet, nie auf etwas Spekulatives oder auf Vergangenheit und Zukunft.

Achtsamkeit mischt sich auch nicht in den Bewegungsablauf ein, sondern »benennt« ihn quasi geistig, etwa: »Ich nehme wahr, wie sich meine Arme heben« oder: »Mein rechter Fuß setzt jetzt gerade mit der Ferse auf.« Dadurch bindet sie den Intellekt in das Geschehen ein, hindert ihn daran abzuschweifen. Denn diese Gedankenwanderung wird in den klassischen Meditationslehren als Grundübel betrachtet. Ein zerstreuter Übender hat nicht »alle Sinne beisammen«, was sich an einem Mangel an Energie und Lebendigkeit in der Übung äußert. In gewisser Weise wird die Übung damit sprichwörtlich »sinnlos«. Achtsamkeit kann als einer der zentralsten Begriffe in der Meditation angesehen werden.

Als Unterfall der Achtsamkeit kann die Selbst-Bewusstheit betrachtet werden. Ihr wohnt zusätzlich zu dem beobachtenden Element der Achtsamkeit die Fähigkeit inne, die Dinge zu lenken. »Indem ich mich in meinem Fuß bewusst erlebe, rolle ich ihn auf dem Boden ab«. Sie bindet Gefühl (Seele) und Empfindung (Körper) in die Übung ein. So wird in der Selbst-Bewusstheit eine Einheit von Körper, Seele und Geist im Üben erreicht.

Eine andere wichtige Schattierung der Achtsamkeit ist die Präsenz.

Präsenz bezieht sich einmal auf den zeitlichen Faktor: »Jetzt« und zum anderen auf den räumlichen: »Hier«. Für den zeitlichen Faktor gilt: Vergangenheit und Zukunft sind »tot«, lebendig ist nur die Gegenwart. Zum Leben erweckt werden Übungen unter anderem dadurch, dass wir in der Übung immer mehr in das berühmte »Hier und Jetzt« eintauchen.

Es gibt immer nur lebendige Gegenwart, den einzigartigen Moment – Jetzt. Und nur hier im Augenblick können wir die Samen legen, für das, was wir unsere Zukunft nennen.

Wer den Augenblick versäumt, weil er sich um die Zukunft sorgen macht, geht in doppeltem Sinne leer aus. Einmal, weil er den lebendigen Augenblick nicht genießen und erfüllen kann. Zum anderen, weil er deshalb heute eine schlechte Saat ausbringt, was die Ernte in der Zukunft negativ beeinflusst. Fatalerweise bestätigt das dann auch noch die Zukunftsangst und verleitet dazu, sich weiterhin nicht um die Gegenwart zu kümmern und sich wiederum angstvoll in der toten Gedankenabstraktion Zukunft aufzuhalten.

So dreht man sich ständig in einem Teufelskreis. Diesen Fehler wollen wir in unseren Übungen nicht machen, sondern immer wieder aufs Neue versuchen, unsere Aufmerksamkeit in den lebendigen Augenblick

Spüre dich in der lebendigen Gegenwart!

»Halt an,
   wo läufst du hin?
Der Himmel ist
   in dir.
   Suchst du
Gott anderswo,
du fehlst ihn
   für und für.«

Angelus Silesius

zu lenken. Die Wachheit und Präsenz, die daraus auch auf das alltägliche Leben ausstrahlt, hilft uns, heute intuitiv das Richtige zu tun und damit eine gute Saat auszubringen, die sich für uns in der Zukunft entfaltet: doppeltes Glück – heute gut und damit auch morgen gut!

Ebenso wichtig ist die räumliche Präsenz. Dazu gehört das Gefühl für Raum und Distanz, besonders bei den Bewegungsmeditationen. Es geht nicht nur darum, zur rechten Zeit etwas zu tun, sondern auch darum, es am rechten Ort zu tun. Dabei kann die Vorstellung behilflich sein, die Körpergrenzen dehnten sich mit ruhigen und tiefen Atemzügen nach und nach aus. Daneben bleibt die Präsenz auf die praktische Empfindung des Körpers gerichtet: Wo bin ich im Raum und wie empfinde ich mich im Raum.

Einfachheit

Wie die beschriebenen Beispiele des ZaZen (Sitzen in Absichtslosigkeit) und des Tai-Chi- und Qi-Gong-Stehens eindrucksvoll zeigen, müssen Übungen nicht kompliziert sein, um ihre Wirkung zu entfalten. Ganz im Gegenteil, in der Meditation gilt die Regel: je einfacher die Übung, desto tief greifender die Wirkung.

Das Prinzip der Einfachheit gilt auch für die geistige Grundhaltung zu den Übungen.

Selbst wenn uns die Übungen immer näher zu der Erfahrung des Göttlichen hinführen und sie damit »heilig« und heilsam machen, so ist es gerade deshalb wichtig, dabei einfachen Geistes zu bleiben. Als der berühmte Zen-Mönch Bodhidharma gefragt wurde, was das Wesen des Göttlichen sei, soll er geantwortet haben: »Offene Weite – nichts von Heiligkeit«. In diese Richtung geht auch der Rat des Zen-Buddhismus, man solle nicht »nach Erleuchtung stinken«. Wer sich wahrhaft mit Spiritualität auseinander setzt – und Meditation ist praktisch verwirklichte Spiritualität –, wird sich nicht damit parfümieren und dies auf bigotte Art zur Schau tragen, sondern ganz einfach und natürlich bleiben. Das bedeutet für unsere Übungen, dass sie weder (theatralisch) nach außen präsentiert, noch mit der Einstellung praktiziert werden sollen, dadurch etwas Besonderes zu sein. Durch das Prinzip der Einfachheit gelangen wir zielsicher zum Wesentlichen. Denn das Wesentliche ist seiner Natur nach immer einfach. Wie schön und wesentlich ist die Einfachheit einer Bach'schen Fuge in der Musik oder die einer altgriechischen Säulenhalle in der Architektur.

Absichtslosigkeit (Zweckfreiheit)

Das Prinzip der Zweckfreiheit ist ein weiteres entscheidendes Merkmal meditativen Wirkens. Und dazu eines, welches unserem westlichen Verstand besonders schwer eingängig ist. Denn in aller Regel haben wir gelernt, etwas zu tun, um etwas zu erreichen. Ja wir sprechen sogar davon, dass der Zweck die Mittel heiligt. Dazu diametral entgegengesetzt ist das berühmte »absichtslose Tun«, »Wu-Wei«, der östlichen Philosophie. Hier geht es darum, aus Liebe zum Handeln selbst zu handeln. Dem liegt das tiefe Vertrauen zugrunde, dass aus solchem absichtslosen Handeln nur Gutes entstehen kann. Was aus Liebe zur Sache selbst getan wird, steht aus dieser Sicht natürlicherweise im Einklang mit der Schöpfung und wird nicht durch die persönlichen Bedürfnisse des »kleinen Ich« getrübt.

In der spirituellen Tradition des Westens kennen wir zwar auch das »selbstlose« Handeln. Dies geht in eine ähnliche Richtung, doch wird es im üblichen Sprachgebrauch doch mehr im Sinne des »guten Werkes« verstanden. Diese »positive« sittliche Wertung ist dem absichtslosen Tun fremd. Vielmehr wird davon ausgegangen, dass wahres absichtsloses Handeln gar keine andere Möglichkeit hat, als sich gemäß dem Dharma, dem göttlichen Lauf der Dinge, zu verhalten. So belehrt Krishna in der Bhagavad Gita den Krieger Arjuna: »… Für den Menschen aber, dessen einzige Freude das höhere Selbst ist, der von ihm erfüllt ist und allein darin Zufriedenheit findet, für den gibt es nichts zu tun. Er sieht keinerlei Zweck im Tun und Lassen, und kein Wesen im Universum könnte ihm einen Dienst erweisen. Tue deshalb weiterhin das Notwendige, ohne den Dingen verhaftet zu sein, denn ohne Verhaftung handelnd, erlangt der Mensch das Höchste«.

Im letzten Satz wird wie auch im taoistischen »Wu-Wei« oder im buddhistischen »Handeln ohne zu handeln«, deutlich gemacht, was absichtsloses Tun meint: Handeln, ohne an etwas zu haften. Weder zu dem Zweck, etwas zu erreichen, noch zu dem, etwas zu verhindern. Gleichmütig. Dieses Handeln führt zum »Höchsten«, bewirkt den göttlichen Lauf der Dinge, weil sich keine persönliche Motivation verzerrend einmischt. Der absichtslos Handelnde erfährt tiefes Glück, weil er sich als Eins mit dem göttlichen Gesetz erlebt oder weniger pathetisch klingend: im Einklang mit der Natur ist – natürlich. Interessanterweise werden diese uralten Weisheiten durch die moderne Glücksforschung bestätigt. So kommt etwa der namhafte Glücksforscher Prof. Mihaly Csikszentmihalyi in seinem Bestseller »Flow – das

Handle einfach aus Liebe zu dem, was du gerade tust!

*Nimm wahr,
wie du völlig loslässt
und durch
und durch
entspannst!*

*Nimm dir Zeit –
und nicht
das Leben!*

Geheimnis des Glücks« nach Auswertung jahrelanger Studien zu der Schlussfolgerung, dass »autotelisches Handeln« ein wesentlicher Faktor im Glück bringenden Verhalten ist.

»Autotelisch« meint: sein Ziel in sich selbst findend, was mit Absichtslosigkeit gleichzusetzen ist.

Das bedeutet nicht, dass Übungen ganz unwirksam sind, wenn wir uns eingestehen, dass wir damit einen Zweck verfolgen. Dennoch ist es immer wichtig, sich vor Augen zu führen, dass der Übungserfolg umso größer wird, je selbstloser wir die Übung durchführen und die letzte und wahre Essenz der Meditation nur entsteht, wenn wir ganz absichtslos handeln.

Entspannung
(Gelöstheit, Gelassenheit)

Welch große Wirkung Entspannung hat, ist mir in den vielen Jahren meiner psychotherapeutischen Arbeit deutlich geworden. Heute kann ich für mich sagen, dass sie zu den heilsamsten Qualitäten für die Seele (und nicht nur für sie, sondern auch für Körper und Geist) gehört.

Freilich gibt es sehr verschiedene Grade von Entspannung, vom oberflächlichen kurzen Relaxen, über die Stadien autogenen Trainings bis eben hin zu tiefen, meditativen Entspannungszuständen. Und erst in tiefer Entspannung entwickelt der »innere Arzt« seine ganze Weisheit und hilft bei der Lösung von seelischen und körperlichen Problemen auf seine individuelle Weise. Dazu dient in der Praxis neben einer angenehmen äußeren Umgebung vor allem die Einstimmung auf die Übungen. Diese geschieht im schrittweisen Bewusstmachen aller Körperregionen vom Scheitel bis zu den Fußsohlen, während wir an Entspannung denken.

Nur daran denken, nichts wollen und nichts erwarten. Denn wenn wir irgendetwas, und sei es auch nur die Entspannung, erreichen wollen oder erwarten, erzeugt das nur hinderliche Spannung!

Langsamkeit und Fließen

Ein bekannter Aufkleber auf Studentenoldtimern lautet: »Slowlyness is holyness« (Langsamkeit ist Heiligkeit). In dieser witzig gemeinten Plakette ist sehr viel Wahrheit enthalten. Denn erst durch die Verlangsamung von Bewegungen, wie etwa in den fließenden Tai-Chi-Formen wird es möglich, Achtsamkeit, Bewusstheit, Stille in sie hineinzutragen. Während eines Hundertmeterlaufes wäre dies zumindest sehr viel schwieriger, wenn nicht sogar unmöglich. So zählen in der Meditation weder die Schnelligkeit noch die Quantität der Übungen, sondern primär die Qualität der Durchführung. Die alten Großmeister übten oft nur ganz wenige Bewegungsabläufe mit dem Hinweis, dass man auch die einfachste Übung nie auslernen kann. Das Prinzip der Langsamkeit hilft uns bei der Verwirklichung der Qualität nach dem Motto: Weniger ist oft mehr. Lieber eine Übung gut ausführen als viele oberflächlich.

Ergänzend zu der Langsamkeit muss noch das Prinzip des Fließens im Bewegungsablauf erwähnt werden. Für den noch Ungeübten ergibt sich durch die Langsamkeit oft auch die Neigung zum Festhalten, dadurch entsteht ein stockender Bewegungsfluss. Solche »hakeligen« Bewegungen in einen gleichmäßigen Fluss wie den einer Zeitlupenaufnahme zu bringen, ist viel mehr als technisches Training.

Das ständige Üben ins Fließen zu kommen, führt dazu, auch in dem sich permanent verändernden Fluss des Lebens reibungslos mitschwimmen zu können, in letzter Konsequenz sogar mit dem seligen Gefühl vom Lebensfluss getragen zu werden. Durch das Fließen in den Bewegungsmeditationen lernen wir unterbewusst das so entscheidende und oft zitierte »Loslassen«. Heraklit sagte »panta rei« (alles ist im Fließen). Die gesamte Schöpfung ist in ständiger fließender Veränderung. Wer nicht von den Ambitionen seines kleinen Ego loslassen kann und damit nicht mit der Schöpfung fließt, leidet. Wer Leiden erlösen möchte, muss Loslassen lernen und ins Fließen kommen.

Ruhe und Stille

Höhepunkt des Prinzips der Langsamkeit ist innere Ruhe und Stille, was meist auch als Essenz der Übungen betrachtet wird.

So ist im Zen-Buddhismus Zazen, die ruhige Sitzmeditation, die Essenz des Zen. Bei den taoistischen Bewegungsübungen wird dem stillen Qi Gong besondere Bedeutung beigemessen oder der stillen Stehmeditation: auch Qi-Gong-Stehen, Tai-Chi-Stehen oder Zen-Stehen genannt.

Werde ruhig und still!

Meditation ist es, wenn du es mit ganzem Herzen tust und nicht halbherzig!

Im Zentrum des Zyklons angekommen, herrscht die Ruhe, in der Tiefe des Ozeanischen die Stille. Hier wird die »Fülle im Nichts« wahrnehmbar oder wie es im Zen heißt: das Donnern in der Stille, hier finden wir Kontakt zum Ursprung der Energie.

Kernaspekt der Ruhe ist dabei die Stille im Geist. Ruhe kann bei einem ständig vor sich hin plappernden Geist nicht erfahren werden. Als ein Schüler einen berühmten tibetischen Meditationsmeister fragte, wie er meditieren solle, antwortete dieser: »Schau, es ist so: Wenn ein vergangener Gedanke aufgehört hat und ein zukünftiger Gedanke noch nicht entstanden ist, gibt es da nicht eine Lücke?« Ja, sagte der Schüler. »Nun gut, verlängere sie! Das ist Meditation.«

Einheit (Liebe)

Das Prinzip der Einheit meint das Einswerden mit dem, was ist. Es bedeutet Aufzugehen in der Handlung, zu verschmelzen mit dem aktuellen Geschehen. Es beschreibt das Sich-Verlieren in der Schöpfung, ohne dabei die Präsenz aufzugeben. Einheit entsteht durch die bedingungslose Hingabe an das Tun und ist in dieser Hinsicht dem absichtslosen Handeln sehr verwandt. Durch das Einswerden entdeckt und erfährt man das Wirken des Göttlichen in Verbindung mit dem eigenen Tun.

Pascal soll einmal gesagt haben: »Weltliche Dinge muss man erkennen, damit man sie lieben kann. Göttliche Dinge muss man lieben, damit man sie erkennen kann.« Die spirituelle Dimension der Meditation entfaltet sich also erst unter der Voraussetzung völliger, liebevoller Hingabe an die Übung. Tiefes Glück, Sinnfindung und Frieden findet man in Körperübungen nur dann, wenn man sie mit Liebe ausführt. Dann kann man sie sprichwörtlich als »göttlich« erleben, als »Gottesdienst«, der damit auch im christlichen Sinne IHM gewidmet ist. Hier liegt zum Beispiel auch die Bedeutung sakraler Tänze.

Tu es einfach – jetzt!

Wie aber, so werden Sie fragen, geschieht dieses »Eins-Werden« in der Praxis? Dadurch, dass wir Körper, Seele und Geist zusammentragen in der Übung. Indem wir nicht Gefühle und Gedanken abschweifen lassen und den Körper damit zum mechanischen, leblosen Funktionieren verdammen. Was wir nebenher machen, ist lieb- und damit wirkungslos. Die anderen Prinzipien der Meditation helfen uns zur liebevollen Übung. So stellt die Achtsamkeit sicher, dass der Geist auf das präsente Geschehen konzentriert bleibt und die (Selbst-)Bewusstheit verleiht uns die Möglichkeit, uns in der Übung zu spüren. Eine Voraussetzung für die Einheit ist also, dass wir ganz einfach »alle Sinne beisammen« haben.

Die Verschmelzung mit dem Kosmos, das hingebungsvolle Sich-Verlieren wird erleichtert durch die blumigen und bildhaften Anweisungen, die dem Übenden beispielsweise im Qi Gong gegeben werden: »Öffne Dich und höre den Klang der Welten« oder: »Spüre, wie es sich anfühlt, in die Unendlichkeit zu blicken«.

Regelmäßigkeit und Disziplin

Grundsätzlich gilt für alle Übungen: Es ist besser regelmäßig – am besten täglich – ein wenig (Minimum 15 Minuten) zu üben, als sich phasenweise zu überfordern und dann wieder lange Pausen einzulegen. Dies entspricht auch der naturheilkundlichen Erfahrungsregel, die lautet: »Kleine Reize stimulieren den Organismus, starke Reize blockieren ihn, zu starke Reize zerstören ihn.«

Der erste Feind der Regelmäßigkeit ist mangelnde Disziplin. Immer wieder will uns unser »innerer Schweinehund« einreden, es gäbe jetzt etwas Wichtigeres als zu üben. Was aber kann wichtiger sein, als sein Glück und seinen Frieden zu finden. Setzen Sie die Prioritäten

MEDITATION – WESEN UND WIRKUNG

in Ihrem Leben richtig! Diejenigen, die durch Meditation Verwirklichung, Befreiung und Erleuchtung erlangten, zeigen uns durch ihr Beispiel, was vorrangig ist. Es gibt unzählige Legenden, die davon berichten, dass diese Meister täglich stundenlang übten und darin ihr Glück fanden. Es ist sehr wahrscheinlich, dass hier auch der Ursprung der Entstehung von Tai-Chi-Übungen liegt. Dass nämlich einer der alten Weisen seine Glückseligkeit und sein Einssein mit der Schöpfung in ruhigen, tänzerischen Bewegungen zum Ausdruck brachte und Zeugen seines Glücks, die die tiefe Ausstrahlung und Liebe dieses Menschen sahen, daraus den Schluss zogen, die Übungen müssten Ursache seines Zustands sein. So war wohl schnell der Gedanke geboren, die Übungen niederzuschreiben und zu imitieren, um dadurch auch selbst des Glücks teilhaftig zu werden.

Als Anfänger soll man sich freilich nicht überfordern und stundenlang üben, selbst, wenn man dazu Zeit haben sollte. Eine Viertelstunde täglich reicht erst einmal aus.

Lehrer und Schüler

Das Prinzip des Lernens hat in den spirituellen Lehren dieser Welt eine lange Tradition. Nicht nur, dass ganz allgemein davon gesprochen werden kann, dass Leben lernen heißt, dass wir auf diese Welt kommen, um an uns zu arbeiten und uns lernend weiterzuentwickeln. Besonders das Lehrer-Schüler-Verhältnis hat in der Praxis der Meditation eine lange Geschichte, ob die Lehrer nun Guru, Lama, Osho, Sensei oder wie auch immer genannt werden. Ich möchte Ihnen hier einen neuen Lehrer vorstellen, einen, den Sie immer dabei haben, weil Sie ihn in Ihrem Herzen tragen. Ihm sollten Sie dieselbe Hochachtung entgegenbringen wie den Gurus draußen. Die Gefahr, dass Sie bei der Suche nach Ihrem inneren Lehrer auf die falsche Stimme hören, ist nicht größer als die, in der Außenwelt einem Scharlatan, der sich als Lehrer bezeichnet, aufzusitzen. Es ist ähnlich schwierig, drinnen wie draußen einen wahrhaften Meister zu finden. Und doch hat es den Vorteil, dass Sie wenigstens nur sich selbst belügen, wenn Sie auf die falsche innere Stimme horchen. Das fühlt sich ein wenig angenehmer an, als wenn dies durch einen anderen geschieht. Sie werden vielleicht einwerfen, dass so häufig auf die Notwendigkeit eines Lehrers hingewiesen wird. Immer wieder liest und hört man, dass es auf der spirituellen Suche nicht ohne einen Lehrer geht. Daran ist sicherlich viel Wahres, nur kann es in dieser Einseitigkeit nicht stehen bleiben. Wie hätte sonst wohl der »erste« Meister und Begründer einer bestimmten »Schulrichtung« zum Meister werden können, wenn nicht aus sich selbst und über die eigene Erfahrung. Manchmal können Lehrer – wie Eltern ihren Kindern – gute und wirksame

> *Gut' Ding*
> *will Weile*
> *haben!*

> *Das,*
> *was du heute denkst,*
> *wirst du*
> *morgen sein ...*
> Buddha

Ratschläge geben. Erproben muss man sie immer selbst. Und es soll auch genügend Fälle gegeben haben, bei denen der Ratschlag eines Lehrers – selbst eines sehr bemühten und liebevollen – sich eher als Schlag, denn als Rat entpuppte. Vergessen Sie nie, dass Sie sich selbst tief drinnen besser kennen, als jeder andere es vermag. Aus diesem Grunde ist es besonders wichtig, bei der Durchführung der Meditationsübungen immer wieder in sich hineinzulauschen, um körperliche, seelische und geistige Signale wieder deutlich wahrnehmen zu lernen.

Schließlich möchte ich noch auf das vielleicht wichtigste Element des Lernens hinweisen: die Geduld. Entwicklung und Wachstum kann zwar begünstigt, aber nicht unnatürlich beschleunigt werden. Wenn eine schwangere Frau ihr Kind im 4. Monat gebären möchte und daraufhin unter Einsatz allen Willens jeden Tag »trainiert«, so wird ihr Organismus trotzdem eine Frühgeburt zu verhindern wissen.

Schnell und groß wachsende, gen-mutierte Tomaten schmecken kaum, denn ihnen fehlt der natürliche Reifungsprozess. Wie aromatisch ist dagegen eine unter schwierigen Bedingungen gewachsene, »unkultivierte« griechische Inseltomate.

Geben Sie sich Zeit! Lassen Sie sich langsam reifen! Auch, wenn es dem Geist unserer Zeit so gar nicht entsprechen mag. Gebären Sie Ihre »Buddhanatur«, ihr göttliches Inneres nicht als Sieben-Monatskind. Es ist wichtig, kleine Fortschritte spüren zu lernen und sich an ihnen zu erfreuen. Spektakuläre Aktionen sind meist Eintagsfliegen. Eine spezielle Form der Geduld ist die richtige Dosis. Paracelsus hat so schön formuliert: »Die Dosis macht das Gift.« Die beste Sache kann zum Gift werden, wenn wir sie überdosieren. Dies geschieht besonders dann, wenn wir zu sehr nach dem Ergebnis schielen, also gegen das Gebot der Absichtslosigkeit verstoßen. Jedes Üben findet seinen natürlichen Ausgleich in den Übungspausen. Pause machen und nachspüren ist oft viel besser, als sich leistungsbezogen zu überreizen! Und, um noch einmal auf Paracelsus zurückzukommen: Jeder hat seine ganz persönliche Dosis, die für ihn alleine stimmt. Hier hilft nur, immer wieder in sich hineinzuhorchen, um den Bogen nie zu überspannen.

Die Vorstellungskraft und ihre Auswirkung

Bei allen Übungen ist es sehr hilfreich seine Vorstellungskraft positiv mit einzusetzen. Wie groß die Kräfte sind, die in unserer Vorstellung liegen, zeigt die Placeboforschung in der Medizin – leider nur von ihrer negativen Seite. Wenn ein Mensch gesund wird, weil er ein Zuckerkügelchen in der Meinung einnimmt, es sei hilfreiche Medizin, so lässt dies nicht nur den Negativschluss zu, das getestete Arzneimittel sei wohl wenig wirksam. Viel interessanter ist doch die Beobachtung der Kraft, die offensichtlich außerhalb der materiell-chemischen Ebene liegt und fast ebenso viel bewirkt wie die Einnahme der stofflichen Arznei: die Vorstellungskraft. Wir müssen wieder begreifen lernen, dass Gedanken Berge versetzen können, dass Glauben und Vertrauen – wenngleich offensichtlich immaterieller Natur – unglaubliche Kräfte darstellen. Eine vertrauensvolle Grundeinstellung (Placebo) wirkt nicht nur im psychologischen Bereich, sondern sogar bei so greifbar-materiellen Aktionen wie handfester Chirurgie. So wird beispielsweise bei Angina pectoris häufig chirurgisch die Verbindung einer Thorax-Arterie mit einem Herzkranzgefäß gelegt. In der Testphase dieser Methode wurde einer Kontrollgruppe in Amerika nur ein äußerlicher Schnitt gelegt, die Operation selbst aber nicht durchgeführt. Im Ergebnis war die Schmerzreduzierung bis hin zu den objektiv gemessenen Veränderungen im EKG (Verringerung der negativen T-Zacken) bei den tatsächlich und den nur

MEDITATION – WESEN UND WIRKUNG

scheinbar Operierten jedoch gleich, die Besserung ist also bei der Kontrollgruppe alleine aufgrund der Macht der Vorstellungskraft eingetreten.

Zu einem ähnlichen Ergebnis kommen eine aktuelle amerikanische Studie zur Operation von Kniegelenksarthrosen und zu Bauchoperationen in Holland.

Je stärker Menschen an das glauben, was sie tun, desto größer die Wirkung der Vorstellungskraft. Neue Behandlungsformen, die von der Forschung sehr optimistisch und aussichtsreich beurteilt werden, sind bei denen, die diesen Glauben teilen, objektiv betrachtet sehr viel wirksamer als bei Skeptikern. So verringert sich bei medizinischen Forschungen die anfängliche Placebowirksamkeit im Stadium enthusiastischer Vorschusslorbeeren von 70 bis 90 Prozent auf ca. 30 bis 40 Prozent in den Berichten der Skeptiker. Wie man sieht, kann Glaube tatsächlich »Berge versetzen«.

Die Macht des Denkens zeigt sich leider auch bei negativen Vorstellungen. Solche Nocebo-Wirkungen kennt man bei Versuchspersonen, die (außer den gewünschten Arzneiwirkungen) auch die imaginären Nebenwirkungen von Arzneimitteln produzierten, obwohl sie in der Meinung das echte Präparat zu bekommen, nur Zuckerkügelchen einnahmen.

Es gibt positive Gegenbeispiele von Menschen, die in Gletscherspalten stürzten und viel länger, als man es nach medizinischen Erkenntnissen für möglich hält, am Leben blieben, weil sie sich vorstellten, von Sonne beschienen zu sein oder am Kachelofen zu sitzen.

Dr. Carl Simonton, ein amerikanischer Arzt, verwendet bei seiner Krebstherapie – und das nachgewiesenermaßen erfolgreich – die Vorstellungskraft seiner Patienten. Er führt sie in ihrer Vorstellung an das erkrankte Organ heran und lässt sie vorstellen, dass die weißen Blutkörperchen wie eine weiß gekleidete Armee die entarteten Zellen aufspüren und vernichten. Diese naiven Bilderphantasien seiner Patienten reichen aus, um eine deutliche Verbesserung der Krankheitssituation zu erreichen, bis hin zu Ausheilungen. Kontrollgruppen, die keine Vorstellungsübungen ausübten, sonst aber gleich behandelt wurden, schnitten im Vergleich deutlich schlechter ab. Sie können diese Wirkung am besten selbst anhand der dem Buch beiliegenden CD mit der geführten Meditation »Heilende Farben« beurteilen.

Stimmen Sie sich also vor Beginn einer jeden Meditationsübung zum Beispiel durch ein idyllisches Naturbild positiv ein.

Die besondere Qualität des Lächelns

Um eine besondere Variante der Vorstellungskraft handelt es sich bei der Anweisung, sich in die Qualität des Lächelns hineinzuversetzen. Damit ist das selige Lächeln der Erleuchteten gemeint. Diese Mimik ist feiner Ausdruck von Weisheit. Sie trägt mehr Glück in sich als kräftiges Lachen, so gesund auch dies schon sein mag. So, wie das Leben am Anfang und noch unerfahren, grell, bunt und laut startet und mit wachsender Lebenser-

Nimm' dein Bett und geh'.
JESUS

> *Dumme grinsen,*
> *Narren lachen,*
> *aber Weise lächeln.*
> Angelus Silesius

fahrung stiller und abgeklärter wird, verhält es sich mit dem Lächeln als mimischem Ausdruck der Abgeklärtheit. Lächeln steht am Ende der Entwicklung, steht über den Dingen, wenn alles »vollbracht« ist. Wer das Leid der Welt ebenso gesehen und erlebt hat wie die Freuden, wird stiller, sanfter und kann über das Spiel des Lebens lächeln.

Und doch macht Lächeln Mut. Oft mehr als ein aufmunternder Prankenhieb auf die Schulter. Das mag daran liegen, dass Lächeln Mitgefühl ausstrahlt, dass man um die Schwierigkeiten weiß, ohne sich von ihnen erschlagen zu lassen. Lächeln verheißt geheimnisvolles Wissen um Lösung, es wirkt dadurch entspannend und vermittelt Vertrauen. Die Qualität des Lächelns medizinisch zu nutzen, ist eine uralte Tradition in der taoistischen Heilkunde.

Sie setzt es ganz gezielt zur Heilung erkrankter Organe ein, indem man den Patienten auffordert, diesen Organen zuzulächeln – gleichsam Mut machend, Hoffnung verheißend, Vertrauen einflößend.

Dazu kommt, dass um die Augen und um den Mund eine Reihe wichtiger Meridianpunkte liegen, die sich in der Entspannung des Lächelns öffnen und für den Energiefluss durchlässig werden, was bei angespannter Mimik nicht geschieht. Die Idee, bei der Imagination das Lächeln in seiner einzigartigen Qualität einzusetzen, ist genialer Ausfluss einer jahrtausendealten Kultur. Sanfter und wirkungsvoller könnte keine andere Geste sein. Freuen Sie sich darauf, dieses mächtige und doch so unscheinbar wirkende »Instrument« in Ihre Übungen einzubauen!

Das »Ritual« (die Form)

Zunächst ein paar Worte zur »Choreographie« im Allgemeinen, zur Bedeutung der Form als solcher. In den meditativen Geistesschulungen der verschiedenen Traditionen finden wir das Gebot, bestimmte Formen und Rituale streng und genau zu beachten. Nicht nur in den allgemeinen klösterlichen Regeln, sondern gerade auch bei der Schulung des Geistes durch Meditation wird dies deutlich. Die Tempeltänze verschiedener Religionen schreiben detailliert bestimmte Haltungen und Gesten bis hin zur Mimik vor.

Nichts anderes sind auch die japanischen ritualisierten Alltagsverrichtungen des Blumenweges (Ka-Do), Pinselweges (Sho-Do) und des Teeweges (Cha-Do), die damit zu rituellen Entwicklungswegen (Do) erhoben wurden. Auch in den Kampfkünsten kennen wir aus China diverse Tai-Chi-Formen, aus Japan die Kata (Übungsform im Karate-Do) (Weg der leeren Hand), Ken-Do (Schwertweg), aus Korea die Hyong oder Taeguk (im Taekwondo). Einmal sollen diese Formen dabei helfen, die Fertigkeit in den einzelnen Bewegungsabläufen (Kampftechniken, Schattenboxen) zu trainieren. Dies ist die äußere Seite der Übung.

MEDITATION – WESEN UND WIRKUNG

Der spirituelle Grund für das Training in Formen ist aber, dass sich durch die Konzentration auf die richtige Ausführung der Bewegungen das Bewusstsein sammelt. Die Energie, die in der Bewusstheit liegt, wird so durch die Achtsamkeit bei der Durchführung angereichert. So wächst im Organismus die Lebensenergie an, die je nach Tradition als Qi (China), Ki (Japan), Prana (Indien), Pneuma (klassisches Griechenland), Od(em) (nordischer Kulturkreis), Anima (Lateiner) etc. bezeichnet wird. Je bewusster die Form durchgeführt wird, desto mehr reichert sie sich mit dieser Energie an, bis sie sie schließlich transzendiert, was als erleuchtende Befreiung (Satori, Kensho, Moksha) erlebt wird. Der Zen-Meister Dogen hat in seinem Grundlagenwerk »Shobogenzo« den Gedanken der Formalisierung alltäglicher Verrichtungen zu dem wesentlichen Übungsmittel schlechthin gemacht. Die Kraft, die in diesem Mittel zur Meditationsschulung liegt, habe ich in den gut 25 Jahren, in denen ich Zen-Sesshins abhalte, sowohl am eigenen Leibe erfahren, als auch an den Teilnehmern beobachten können. Form ist also nicht spießiger Formalismus, sondern hilfreiches Mittel zur Umwandlung vom Rohdiamanten zum Brillanten mit Schliff. In dem Moment allerdings, in dem Form zur Routine wird, wenn sie zu reflexartig ablaufenden monotonen Bewegungen erstarrt, verliert sie ihre Wirkung und wandelt sich zum unlebendigen Formalismus.

Wenn wir also beim Üben bemerken, dass wir einen schon bekannten Bewegungsablauf nur noch routinemäßig »abspulen«, sollten wir uns entweder darum bemühen, die Form noch genauer und bewusster zu üben, oder aber zu einer anderen Übung übergehen, die unsere Konzentration aufs Neue ganz beansprucht und damit wieder energiesammelnd wirkt. Dies ist auch der Grund, warum so viele Meister darauf bestehen, eine Form bis in die Details genau zu üben und dabei die Spezialitäten ihrer persönlichen »Schulrichtung« so betonen. Dabei geht es nicht alleine um die funktionale Bedeutung der einzelnen Technik, sondern um die Bindung der Bewusstheit des Übenden an die Form. So wichtig das kontinuierliche, konsequente Üben für das Gelingen ist, so groß ist die Gefahr, dabei in unlebendige Routine zu geraten. Wenn wir eine Form nicht mit Liebe und immer wieder kindlicher Offenheit aufs Neue üben, sondern als lästige Pflicht abhaken, wird der Erfolg ausbleiben.

Form bindet Bewusstsein!

Von der Bedeutung des Atems

Wie wichtig der Atem für uns ist, muss ich nicht erwähnen. Sie können ja einmal versuchen, nur fünf Minuten ohne ihn auszukommen. Atem stellt die bedeutendste Ernährungsquelle für unseren Körper dar. Wir können sehr lange ohne stoffliche Nahrung auskommen. So hatten erstaunlicherweise Teilnehmer am berühmtem 200 Kilometer langen Wasa-Lauf nach einem dreiwöchigen strengen Fasten keine Probleme. Ohne Flüssigkeitszufuhr dagegen kommen wir schon bei weniger als neun Tagen in lebensbedrohliche Zustände. Wenn uns der Atem nur für wenige Minuten verlässt, ist das Leben beendet.

Das Leben beginnt mit dem ersten Atemzug, es endet mit dem letzten. Wenn wir von unserer leiblichen Mutter abgenabelt werden, bekommen wir eine neue Nabelschnur, den Atem, der uns das ganze Leben hindurch ernährend begleitet, wie die Nabelschnur durch unseren Entwicklungsprozess im Mutterleib. Wenn wir im »großen Mutterleib«, nämlich in unserem eigenen Körper und dieser Welt reif geworden sind für die »Geburt nach drüben«, den Tod, werden wir im letzten Atemzug abgenabelt, um die nächste größere Dimension zu

Mein Atem fließt ruhig, sanft und tief!

betreten. Solange wir aber hier auf dieser Welt und in diesem Körper sind, bedeutet Atem für uns Leben. Und wir können auch sagen: wie der Atem, so das Leben. An der Qualität des Atems lässt sich Lebensqualität ablesen. Ob er in der Angst wie gelähmt ist, bei Wut und Erregung jagt, in der Leidenschaft intensiv wird oder in entspanntem Glück tief und rund fließt: Der Atem zeigt uns exakt, in welcher Stimmung wir uns gerade befinden. Sollte nicht auch der Umkehrschluss erlaubt sein, dass ein durch meditative Übungen entwickelter Atem zu entsprechend positiver Lebensqualität hinführen kann, und das sogar weitgehend unabhängig von der äußeren Situation?

Grundsätzlich wird der Atem als Träger der Lebensenergie verstanden, was in Begriffen wie (Lebens-)Odem, Atman etc. illustriert wird. Auf den Atem zu achten, ihn zu pflegen und zu kultivieren, um ihn dann wieder ganz natürlich werden zu lassen, ist deshalb die wohl weitverbreitetste spirituelle Übung überhaupt. Sie ist nicht nur in so speziellen Übungen wie dem Pranayama des Yoga oder der Beobachtung des Atems beim Zazen und Qi Gong von zentraler Bedeutung, sondern wird auch durch religiöse Rezitationen und Gesänge indirekt geschult. Wie sehr der Atem mit der Verfassung unserer Seele korrespondiert, zeigen uns nicht nur die Alltagserfahrungen eines vor Angst gelähmten oder im Schock stockenden und in der Hektik jagenden Atems einer noch »kleinen Seele«. Der Titel Mahatma = maha atman (Sanskrit: große Seele, großer Atem) als Würdebezeichnung eines Weisen ist das beste Beispiel dafür, dass Atem und Bewusstseinszustand eines Menschen von alters her in Bezug zueinander gesetzt wurden.

Wir unterscheiden grundsätzlich drei Formen von Atemübungen:

▪ Für den Anfänger die »Erweckung des Atems« durch bewusste Koordination des Atems mit den Bewegungen. Hierdurch wird erreicht, dass sich der Atem aus alten eingeschliffenen Gewohnheitsmustern (etwa verängstigt oder verhalten zu atmen) befreit.

▪ Für den Fortgeschrittenen die »Pflege des Atems«: Diese entsteht durch die einflussfreie Beobachtung des Atems, der von den Bewegungen auf natürliche Art »geholt« wird, oder auch bei den stillen Übungen. Es ist nicht sehr sinnvoll, zu früh mit der »Pflege des Atems« zu beginnen. Denn gerade westliche Menschen neigen dazu, alles das kontrollieren zu wollen, was sie beobachten. Das geschieht dann unwillkürlich, ja sogar unbewusstgewollt, wenn wir den Atem beobachten. Wir blockieren ihn durch unser Bemühen um Kontrolle mehr, als es geschehen würde, wenn wir uns gar nicht darum kümmerten.

Wenn wir aber lange genug auf der Anfängerstufe der »Erweckung des Atems« geübt haben, bieten sich mehrere gute Wege an, den Atem zu »pflegen«: So die Achtsamkeit auf die Bewegung der Bauchdecke, wie sie sich mit jedem Atemzug wie Ebbe und Flut auf und ab bewegt. Eine andere Möglichkeit ist es, den zarten Windhauch an der Nasenspitze zu fühlen, wenn der Atem dort kommt und geht, vielleicht auch verbunden mit der Vorstellung, eine vor der Nasenspitze liegende Flaumfeder werde durch den Atem sacht hin und her bewegt. Wir pflegen ihn alleine schon dadurch, dass wir ihn bei der stillen Meditation zählen. Denn auch das trägt die Energie bewusster Beobachtung zu ihm. Sie erinnern sich vielleicht: Die Bewusstheit verändert das, auf was sie konzentriert ist, lädt sie gleichsam energetisch auf. Man kann auch jeden Einatemzug mit »one« (eins) und jeden Ausatem mit »two« (zwei) innerlich benennen. Wer noch intensiver »pflegen« möchte, kann bei der Beobachtung die feinen Nuancen wahrnehmen, die die Atemzüge voneinander unterscheidet und einzigartig macht. Diese Vorschläge gelten freilich besonders für die stillen,

MEDITATION – WESEN UND WIRKUNG

ruhigen Übungen wie das absichtslose Sitzen (Zazen) oder das Zen-, Tai-Chi- oder Qi-Gong-Stehen. Bei den Bewegungsübungen reicht es zur »Pflege« aus, wenn wir unserer Atemzüge während der Übung bewusst gewahr sind. Grundsätzlich kann sich eine Übung nur dann in ihrer vollen Wirkung entfalten, wenn wir dabei unseren Atem spüren. Der bewusste Atem ist es, der die Übung beseelt. Immer, wenn Sie bemerken, dass Sie vom Gewahrsein des Atems abgeschweift sind, sollten Sie einfach wieder zu ihm zurückfinden.

Der »meisterliche« Atem entsteht irgendwann von selbst, wenn wir den Atem auf die beschriebene Weise lange oder sehr lange gepflegt haben. Die Selbstvergessenheit, die der »Erwachte« gefunden hat, erstreckt sich auch auf den Atem, der dann in vollkommener Natürlichkeit fließt.

Diese Natürlichkeit ist nicht zu vergleichen mit der des Durchschnittsmenschen. Sie mögen einwenden: Fließt nicht jeder Atem natürlich? Doch, so wie die »göttliche Natur« in jedem Menschen schlummert. Aus diesem Schlaf möchte sie durch entsprechendes Training erweckt und freigesetzt werden. Diese noch unbewusste (schlafende) Natürlichkeit soll auf das Niveau einer voll bewussten wachen Natürlichkeit angehoben werden. Wieder natürlich zu werden, ist eben etwas anderes als in unbewusster Natürlichkeit zu verbleiben. Und so, wie wir menschliche Niveauunterschiede spüren können, so gibt es – anders formuliert – verschiedene Grade der Erweckung der Buddhanatur und eben auch des Atems. Bei manchen Menschen ist die in allen Kreaturen schlummernde Göttlichkeit, die jeder erleben kann, noch recht verkümmert. Andere haben sie bis zur vollen Verwirklichung entwickelt: vorbildliche, natürliche Menschlichkeit im schönsten Sinne.

Wollen wir uns also auf den Weg machen, mithilfe der »Erweckung« und der »Pflege« unseres Atems dorthin zu gelangen.

Wirkungen regelmäßiger Meditation

Gesundheit im Geist, in der Seele und im Körper!

Wirkungen auf den Körper

Gleichklang und Harmonie im Gehirn

Die mit der Meditation eintretenden Prozesse der Harmonisierung des Organismus zeigen sich in messbarer Form deutlich in einer Veränderung der Gehirnstrommuster. Dieses Gebiet gehört zu den am besten untersuchten Bereichen der Meditationsforschung. Die Gehirnstromwellen beginnen während der Meditation in harmonischem Gleichklang miteinander zu schwingen und bewegen sich dabei vorwiegend im Bereich der Alpha- und Thetawellen, die für einen ruhigen und tiefen Geisteszustand stehen. Dabei verbinden sich Wellenmuster, die für den passiv-entspannten Schlafzustand typisch sind (und damit den Yin-Archtypus des nächtlich-weiblichen verkörpern) kohärent mit Wellenmustern, die die männlich-aktive Tagbewusstheit widerspiegeln, quasi eine in der Gehirnstromaktivität ablesbare Vereinigung des »Weiblichen« mit dem »Männlichen«. Die führt den Meditierenden tagsüber hin zu »schlafwandlerischer Sicherheit« in der Aktion und nachts zu einem leichten, fast ständig bewussten Schlaf, in dem sich alle Träume als Botschaften der Seele gut erinnern lassen (luzide Träume).

Normalerweise (außerhalb der Meditation) existieren diese »männlichen« und »weiblichen« Schwingungsmuster getrennt voneinander, am Tage meist in einer Überbetonung der männlich-aktiven Anteile und nachts in einer einseitigen weiblichen Passivität.

Auch der Hautwiderstand verändert sich bei Meditierenden in einer Art und Weise, die man nach bisherigen Erkenntnissen als Zeichen tiefer Entspannung werten darf. Mit all den Segnungen, die Entspannungszustände für die Gesundheit bedeuten.

In über 40 wissenschaftlichen Arbeiten wurde auch ermittelt, dass während stiller, ruhiger Meditationen (Zazen, stilles Qi Gong) eine deutliche Abnahme des Sauerstoffverbrauches (bis zu 55 Prozent) wegen der herabgesetzten Atemfrequenz (Atempausen bis zu 1 Minute) eintritt und dennoch die Sauerstoffversorgung des Gewebes verbessert ist. Obwohl die Schlagzahl des Herzens in tiefer Meditation sehr stark herabgesetzt ist, findet eine Zunahme der Haut- und Muskeldurchblutung sowie besonders der frontalen Gehirnbereiche statt.

Viele Forscher sehen in dieser Kombination aus Ruhe und besserer Versorgung eine in alle gesundheitlichen Bereiche positiv ausstrahlende Wirkung. Dazu kommt in der Regel eine Blutdruckabsenkung, besonders bei Personen mit erhöhtem Blutdruck.

Bessere Durchblutung und Versorgung des Körpers mit Sauerstoff

Alle diese Parameter sind nicht nur statistisch interessant, sondern haben eine tiefe Bedeutung und Aussage. Denn sie weisen auf körperlich fassbarer Ebene gleichnishaft darauf hin, dass der meditative Zustand ein Zustand erstaunlicher Bedürfnislosigkeit bei gleichzeitig hoher Lebendigkeit und Wachheit ist.
Dem entspricht auf der seelischen Ebene eine hohe Lebensqualität auf der Basis einer anspruchslosen und bescheidenen Lebensweise.
Am wenigsten gesichert ist das wissenschaftliche Untersuchungsmaterial zu dem Bereich biochemischer und hormoneller Veränderungen. Und doch zeichnet sich hier zumindest ab, dass der meditative Zustand in dieser Hinsicht deutlich vom nicht meditativen unterschieden werden kann. Das gilt vor allem für hormonelle Stressindikatoren. So konnte bei Meditierenden eine starke Absenkung des Cortisolspiegels als Anzeichen für stressmindernde Wirkung der Meditation gefunden werden.

Wirkungen auf die Psyche

Bei den psychologischen Wirkungen kann man allgemeinere und speziellere unterscheiden.
Zu den allgemeineren gehört, dass Meditationspraxis den Meditierenden offener für das Leben werden lässt. Diese Wirkung zeigt sich unter anderem in einer deutlich feineren Empfindung für optische und akustische

Absenkung der Stressanzeichen

*Aufnahmefähig
und reaktionsschnell*

Reize, verbunden mit einer erhöhten Toleranz für Ungewohntes und bislang Abgelehntes.

Die in der Meditation um ein Wesentliches erhöhte Aufnahmebereitschaft findet schon seit langem Anwendung in der Lerntheorie, wo man zum Beispiel im »Superlearning« nach Prof. Losanoff die Tatsache nutzt, dass durch die in der Meditation eintretende Entspannung, gemessen an üblichen Lernmethoden, ein Vielfaches an Lernstoff aufgenommen werden kann.

Es gibt eine Reihe von Studien darüber, dass die Psychomotorik durch Meditation positiv verändert wird, etwa in stark verkürzten Reaktionszeiten bei Reaktionstests. Diese Erkenntnisse macht man sich heute in der Optimierung sportlicher Leistungen zunutze, unter dem Schlagwort der mentalen Vorbereitung der Sportler. Eigentlich handelt es sich um ein schon lange bekanntes Phänomen, welches in den esoterisch betriebenen Kampfkünsten seinen Ausdruck darin findet, dass sich höchste Meisterschaft in einem Zustand tiefster Meditation zeigt.

Im künstlerischen Bereich kann man als Folge längerer Meditationspraxis ein deutliches Ansteigen von Produktivität und Kreativität beobachten.

*Ich bin gut,
wie ich bin.*

Der wohl wesentlichste Effekt kontinuierlichen Meditierens für die Gesamtpersönlichkeit zeigt sich in der Veränderung der Selbsteinschätzung. Meditationspraxis führt nach Erkenntnissen der Forschung zu einer Zunahme der Übereinstimmung zwischen Real- und Ideal-Selbst, wie man sie bei psychisch Gesunden findet. Dagegen finden wir beim Neurotiker die Diskrepanz zwischen der Ist-Situation und dem Wunschbild von sich als Unzufriedenheit, innere Spannung und Unausgeglichenheit. Fritz Perls, der Begründer der Gestalttherapie, soll dies einmal unübertroffen einfach ausgedrückt haben: »Der Psychotiker sagt: Ich bin Napoleon, der Neurotiker: Ich wäre gerne wie Napoleon und der Gesunde: Gestatten, ich bin Hans Meier.«

Meditationspraxis führt ganz offensichtlich insofern in Richtung der Gesundung, als sich Selbst- und Idealbild einander annähern, was man als höheren Grad an Persönlichkeitsintegration werten darf.

Parallel dazu erfolgt eine Aufwertung und Stabilisierung des Selbstwertgefühls des Meditierenden, der sich – trotz der größeren Offenheit für seine Umwelt – von dieser nicht so leicht aus seinem Gleichgewicht bringen lässt.

Wirkungen auf den Geist

Auf den Geist wirkt Meditation vor allem leerend und damit klärend. Gerade in einer Zeit informativer »Vermüllung« durch Medien und Werbung ist diese Reinigungswirkung von großer Bedeutung.

Das Ideal des leeren Geistes bei der Meditation wird in der Tradition oft mit dem Bild des spiegelglatten Sees verglichen, dessen Wasseroberfläche die Wirklichkeit unverzerrt abbildet. So, wie ein einziger in das Wasser geworfener Stein das Bild zur Unkenntlichkeit verzerren würde, kann auch ein einziger Gedanke – »in den Geist geworfen« – die Erkenntnis der Wahrheit trüben. Nur der immer leerer werdende Geist – frei von jedem Kopfzerbrechen – nimmt wahr, was wirklich ist.

Durch das Meditieren scheidet sich im Geist Wesentliches von Unwesentlichem und es wächst eine Art intuitiver Intelligenz.

Das mag einer der Gründe sein, warum es früher in Japan Usus war, Topmanager für meditative Exerzitien freizustellen, zumal man die Erfahrung machte, dass deren Entscheidungen danach aus dem geklärten und »justierten« Geist viel größere Treffsicherheit bei der Beurteilung von Marktstrategien hatten.

MEDITATION – WESEN UND WIRKUNG

Über diesen »weltlichen« Aspekt hinaus findet der Geist in der Meditation Ruhe und Frieden und führt zu mehr Gelassenheit und Gleichmut.

Gesundheitliche Aspekte

In der traditionellen chinesischen Medizin werden Gesundheitsstörungen jeglicher Art, gleich ob es sich um geistige, psychische oder körperliche handelt, auf zwei Grundursachen zurückgeführt:
- Energiemangel
- kein harmonischer Energiefluss

Beide Ursachen werden durch regelmäßige Meditation aufgelöst!

Der Energiemangel wird dadurch behoben, dass in der Meditation das Bewusstsein (Energie) permanent gesammelt und weitgehend auf die Wahrnehmung der Person bzw. in ihr ablaufender Prozesse gerichtet wird (Selbst-Bewusst-Sein). So wird dem permanenten Energieverlust durch die Flüchtigkeit des Geistes und der sich daraus ergebenden ständigen Gedankenwanderung Einhalt geboten.

Der Energiefluss kann in der Meditation auf verschiedenste Art und Weise in Gang gesetzt und harmonisiert werden.

Einmal dadurch, dass wir lernen, die Bewusstheit nicht nur zu bündeln, sondern zu bestimmten Bereichen des Körpers hin zu lenken, etwa zu wichtigen Meridianpunkten, wie im auf Seite 40 ff. beschriebenen so genannten »kleinen Energiekreislauf« des Qi Gong.

Zum anderen durch die Pflege des Atems als Träger der Lebensenergie (Qi, Ki, Prana, Pneuma, Odem, Anima). Gelingt es uns im Laufe der Übungen, den Atem aus dem Gefängnis alter Atemmuster (stockender, angehaltener Atem vor Angst oder Anspannung) zu befreien und – vor allem durch Bewegungsmeditation – in freien Fluss zu bringen, so fließt mit ihm unsere Lebensenergie. Durch den bis ins Detail exakten Bewegungsablauf etwa der Tai-Chi-, Yoga- oder Qi-Gong-Übungen wird der Energiefluss dann auch noch so geführt, dass es zu einer Harmonisierung im Energiesystem der Meridiane (oder Nadis im System des Yoga) kommt.

Wir sehen also, wie fundamental Meditationspraxis für unsere Gesundheit ist, eben wie erwähnt: das Heilmittel, re-medium, remedy.

Leerer Geist – reiner Spiegel!

28

Formen der Meditation

Eine Fülle an Möglichkeiten –
immer dieselbe Essenz!

FORMEN DER MEDITATION 29

Meditation im Sitzen

Grundlagen

Mühelos verweilen in dem, was ist

Die Sitzmeditation ist die essenziellste Meditationsform. Sie ist die Haltung, in der der historische Buddha Gauthama unter dem Bodhi-Baum sitzend Erleuchtung fand. Sie ist die mittlere Position der Urformen der Meditation: Liegen – Sitzen – Stehen und vermittelt damit am besten zwischen Yin und Yang. Liegen ist die »weiblichste« (Yin), Stehen die »männlichste« (Yang) Position. Beim Sitzen verbinden sich die weibliche Horizontale (nächtliche Entspannung) und männliche Vertikale (aufrechte Wachheit) harmonisch miteinander.

Auf der Suche nach der erstrebenswerten Mitte zwischen energiereicher Bewusstheit (Yang) und völliger Entspannung (Yin) kann man die feinen Unterschiede dieser Urformen der Meditation nutzen: Fühlt man sich zu schläfrig (yin-lastig), so wählt man zum Ausgleich die Stehmeditation (yang-betont). Fühlt man sich zu erregt (yang-lastig), so gleicht dies die yin-betonte Liegeposition aus. Diese führt am stärksten in die Ruhe.

Die für die Meditation so wichtige Entspannung kann sich am besten in völliger Mühelosigkeit entfalten. Für die Wirbelsäule ist das die aufrechte Haltung. Diese entsteht wie von selbst mit der Vorstellung, dass uns ein Faden am Scheitel mit dem Einatmen leicht wie eine Feder zum Himmel zieht und damit aufrichtet.

Mit dem Ausatmen können wir diese Position dann ruhig und klar wie einen Berg absetzen. Wiederholen wir das einige Male, wird sich die Wirbelsäule wie ein ausbalancierter Bambus in der Mitte einschwingen, so dass sie fast ohne jede muskuläre Unterstützung völlig entspannt in sich ruhen kann.

Wenn wir so verfahren, vermeiden wir folgende Fehlhaltungen:

- Rundrücken im Lendenwirbelbereich: macht bequem und schläfrig.
- Nach vorne hängender Kopf: führt zu Nackenverspannungen.

Dagegen wird durch die Vorstellung des uns nach oben ziehenden Fadens die Wirbelsäule auch im unteren Bereich aufgerichtet. Gleichzeitig wird der Nacken in einer Weise leicht gedehnt und gestreckt sowie das Kinn nach unten genommen, dass die wichtigen Energieleitbahnen (männlicher Hauptmeridian, so genanntes Lenkergefäß) im Nacken gut durchlässig bleiben.

Die Kopfhaltung bei der Meditation ist also etwa so, als lehnten wir mit dem Rücken und Hinterkopf an der Wand. Das Kinn wird etwas zur Brust gezogen, so dass Stirn, Kinn und Brustbein eine gerade Linie bilden. Nicht das Kinn nach oben und im Nacken einknicken!

Eine Meditation im Sitzen finden Sie auf der CD (Nr. 1) sowie auf Seite 82.

FORMEN DER MEDITATION 31

Meditieren auf einem Stuhl

In der Meditationspraxis gilt ein wichtiger Grundsatz: Je höher wir die »Baumkrone« der Meditation in den Himmel reichen lassen wollen, desto tiefer müssen die Wurzeln in der Erde verankert sein!
Erdung ist also von großer Bedeutung.
Das bedeutet bei der Sitzmeditation ganz konkret, dass es am besten wäre, auf dem Boden zu sitzen, wie das die später folgenden Beispiele zeigen werden.
Dem Meditationsanfänger fällt das oft noch schwer, wenn er nicht besonders gelenkig ist. Deshalb soll zunächst mit der Sitzhaltung auf einem Stuhl begonnen werden.

1 Setzen Sie sich dazu – den Kontakt Ihrer Fußsohlen mit dem Boden wahrnehmend – so auf den Stuhl, dass die Wirbelsäule frei schwingen kann. Sie sitzen entweder nur auf der vorderen Kante der Sitzfläche oder durch ein kleines Keilkissen so nach hinten abgestützt, dass die Wirbelsäule im unteren Bereich ohne Anstrengung aufrecht bleibt. Im Zweifel wäre es besser, ein leichtes Hohlkreuz entstehen zu lassen als in einen Rundrücken zu fallen. Am besten ist es aber, wenn Sie ganz gerade sitzen. Legen Sie die Hände völlig entspannt auf die Oberschenkel und lassen Sie dabei jede Spannung aus dem Ellenbogen abfließen.
Stimmen Sie sich mit geschlossenen Augen auf die Meditation ein.

Zwei bis drei bewusste, sanfte und tiefe Atemzüge leiten die Meditation ein.
Dann überlassen Sie den Atem ganz sich selbst und beobachten nur noch all die kleinen Bewegungen, die er durch sein Kommen und Gehen im Körper auslöst:

- Die sanfte Dünung der Bauchdecke – wie Ebbe und Flut.
- Den zarten Windhauch an der Nasenspitze, als bewegte der Atem eine imaginäre Flaumfeder kaum sichtbar hin und her.

So verweilen Sie für mindestens 15 Minuten. Steigern Sie die Dauer langsam auf maximal 35 Minuten. Stellen Sie sich einen Wecker. Verweilen Sie in Absichtslosigkeit. Einfach so – sonst nichts!

1

Verschiedene Sitzhaltungen

Die japanische Sitzhaltung

1 Die japanische Sitzhaltung ist die einfachste Position am Boden und daher auch für Anfänger gut geeignet, besonders mit einer relativ hohen (ca. 19 cm) Sitzfläche (Kissen oder kleine Bank). Später, wenn Beine und Becken flexibler geworden sind, können Sie die Sitzhöhe der eigenen Anatomie optimal anpassen und nach und nach etwas verringern.

Für die Knie und Fußgelenke ist es angenehm, eine der im Handel erhältlichen Meditationsunterlagen zu verwenden. Für die Kopf-, Wirbelsäulen- und Handhaltung sowie die mentale Einstimmung gilt das zuvor Gesagte.

Die burmesische Sitzhaltung

2 In der burmesischen Sitzhaltung verschränken wir die Beine vor dem Körper. Bei dieser Haltung ist es entscheidend, dass die Knie den Boden berühren.

Führen Sie keinen Schneidersitz mit nach oben schwebenden Knien aus, da diese Position instabil ist und so nicht die Ruhe vermittelt, die die Sitzposition geben soll (Sitzen wie ein Berg).

Bei allen Sitzpositionen am Boden erreichen wir die nötige Stabilität in der Basis durch eine Art Dreifuß, der aus den beiden Knien und dem Steiß gebildet wird. Ein leichtes Hohlkreuz fördert diese Stabilität besser als ein Rundrücken.

Die beiden Fersen liegen voreinander auf einer Linie mit der Körpermitte.

FORMEN DER MEDITATION 33

3

Der halbe Lotussitz

3 Im halben Lotussitz wird einer der Unterschenkel auf den gegenüberliegenden Unter- oder auch Oberschenkel gelegt, traditionsgemäß in der Regel der linke auf den rechten. Meiner Ansicht nach ist es besser, die Position zu wählen, die der eigenen Anatomie am besten entspricht, um so möglichst unverkrampft sitzen zu können.
Übertriebener Ehrgeiz schadet. In erster Linie gilt auch für die Körperhaltungen: Entspannung geht vor Verbissenheit!
Ein zu perfektionistischer Anspruch schadet eher. Denken Sie lieber daran in völliger Mühelosigkeit zu sitzen.

Der ganze Lotussitz

Die Krone der Sitzhaltungen ist der ganze oder volle Lotussitz. Der rechte Unterschenkel liegt auf dem linken Oberschenkel und der linke Unterschenkel darüber auf dem rechten Oberschenkel.
Der volle Lotussitz ist aber in aller Regel für den westlichen Menschen, der nicht von klein auf diese Position geübt hat, eher ungeeignet. Wer über viele Jahre hinweg meditiert und sehr früh damit begonnen hat, kann sich diesem Ideal langsam annähern.
Aber wir wollen immer bedenken: Die Form ist bei der Meditation nur das Trägermedium, die Geisteshaltung entscheidet. So ist der volle Lotussitz nur für diejenigen geeignet, die in dieser Position völlig entspannt sind.

Handhaltungen

Die Handhaltungen (so genannte Mudras) sind von großer Bedeutung, da sie eine Widerspiegelung des Geisteszustandes darstellen. Die geschlossenen Handhaltungen fördern mehr den Zustand des Zu-sich-Kommens, der Zentrierung und Sammlung. Sie stabilisieren und »erden« den Meditierenden. Die offene Handhaltung symbolisiert mehr die Empfänglichkeit und Offenheit für die göttliche Inspiration. Sie kann eher als hingebungsvolle Geste verstanden werden.

Aus der Fülle der möglichen Handhaltungen möchte ich Ihnen die drei gebräuchlichsten hier vorstellen:

Die geschlossene Handhaltung im Stil des Zen-Buddhismus (Japan)

1 Der linke Handrücken liegt in der rechten Handfläche, die Daumenkuppen berühren sich sensibel, ein Oval zu den Handflächen bildend. Die Kleinfingerseite beider Hände wird etwa 3-Fingerbreit unterhalb des Nabels an den Unterbauch angelegt und so leicht schwebend gehalten oder entspannt im Schoß abgelegt. Wichtig ist dabei die völlige Entspannung der Hände, die gelöst wie Blütenblätter in einer geradezu zärtlichen Empfindung ineinander liegen.

FORMEN DER MEDITATION 35

Die offene Handhaltung im Stil des Yoga (Indien)

2 Daumen- und Zeigefingerkuppe berühren sich sensibel. Die anderen Finger sind zu einer entspannten Handfläche geöffnet. Beide Hände liegen mit den Handflächen himmelwärts auf den Oberschenkeln, je nach persönlicher Anatomie etwas knienäher oder -ferner.

Sie sollten die Position für die Hände wählen, die es Ihnen am besten ermöglicht mit völlig entspannter Wirbelsäule aufrecht zu sitzen. Das gelingt, je nach persönlicher anatomischer Voraussetzung, bei manchen besser, wenn die Oberarme locker aushängen oder schräg nach vorne zeigen.

Die geschlossene Handhaltung im Stil des Chan-Buddhismus (China)

3 Die rechte Handfläche umfasst die linke so, dass die rechte Daumen- und die rechte Mittelfingerkuppe das Grundgelenk des linken Ringfingers von beiden Seiten umfassen. Der linke Daumen- und die Mittelfingerkuppe berühren sich. Auf diese Weise halten sich beide Hände lose umfasst. Die Hände liegen entspannt mit den Handrücken nach unten im Schoß.

Wie die geschlossene Handhaltung im Zen-Stil können die Hände auch schwebend etwas unterhalb oder direkt auf Nabelhöhe gehalten werden, wenn sich das angenehmer anfühlt.

Modalitäten

Neben den Handhaltungen gibt es noch eine Reihe wichtiger Modalitäten.
Ein deutlicher Unterschied in der Wirkung der Meditation entsteht je nach dem, ob wir mit offenen oder geschlossenen Augen meditieren.

Leicht geöffnete Augen

I In der Zen-Tradition wird vorwiegend mit leicht geöffneten Augen meditiert, so wie wir das bei den meisten Buddha-Skulpturen dargestellt finden. Der Blick richtet sich schräg nach unten, etwa einen Meter vor uns ruhig zum Boden. Selbstvergessen und doch ganz präsent – nach außen wie nach innen schauend. Er verweilt dort unbewegt. Denn die Augenbewegungen korrespondieren mit der Bewegung des Geistes (Flackernder Blick – wirrer Geist, ruhiger Blick – tiefer Geist). Die Meditation mit offenen Augen fördert das Wach-Bleiben und die Offenheit für die äußere Welt (Yang-Anteil).
Für gut »geerdete« Persönlichkeiten ist auch ein »weich« in die Weite gerichteter Blick möglich, wie wir ihn in der wohl berühmtesten Darstellung Padmasambhavas wieder finden.

FORMEN DER MEDITATION

Geschlossene Augen

2 Bei der Meditation mit geschlossenen Augen besteht eine gewisse Gefahr ins Träumen abzugleiten oder auch schläfrig zu werden. Sie hat aber besonders bei überaktiven Menschen den Vorteil, stärker zu entspannen und in die Ruhe (Yin-Anteil) zu führen, etwa so, als würde man – zu Hause angekommen – die Vorhänge vor die Fenster (Augen) ziehen, um sich mehr auf das Innenleben konzentrieren zu können. Um sich bei der Meditation mit geschlossenen Augen nicht ablenken zu lassen, helfen Konzentrationstechniken wie die auf Seite 39 beschriebene Mantra-Methode oder die Tratak-Methode.

Die Beachtung der Atembewegung

Die Bewusstheit bleibt auf die sanfte Dünung der Bauchdecke gerichtet, die wie Ebbe und Flut wahrgenommen wird. Sobald Sie feststellen, dass Sie gedanklich abschweifen, führen Sie Ihren Geist wieder bestimmt auf die Betrachtung der Bauchdeckenbewegung zurück.

Als Alternative dazu ist es auch möglich, den Geist kontinuierlich auf den feinen Windhauch an der Nasenspitze gerichtet zu halten. Dieser geht mit jedem Atemzug ein, als bewegte der Atem dort eine imaginäre Flaumfeder kaum sichtbar hin und her oder so, als striche der Atem wie ein Violinbogen an der Haut zwischen den Nasenlöchern hin und her und Sie fühlten diese feine Berührung, gleichgültig, ob der Atem kurz oder lang ist.

Die Konzentration verbessern

Zu den typischen Gefahren beim Meditieren zählt die abschweifende Gedankenwanderung. Um dies zu verhindern hat man verschiedene konzentrationsfördernde Techniken entwickelt.

Die Zählmethode

Bei dieser Methode zählt man während der Meditation seine Einatemzüge auf die ungeraden und die Ausatemzüge auf die geraden Zahlen, bis man bei zehn angelangt ist. Dann beginnt man von vorne. Schweift man zwischenzeitlich gedanklich ab, fängt man wieder bei Eins an. Sie können sich schon glücklich schätzen, wenn es Ihnen gelingt, ein paar Mal ohne Unterbrechung bis Zehn durchzukommen. Das wäre gar kein schlechtes Zeichen.

Fühlen wir uns schläfrig, zählen wir nur die Einatemzüge (das macht etwas wacher), sind wir dagegen eher unruhig, so zählen wir nur die Ausatemzüge (wirkt beruhigend).

FORMEN DER MEDITATION 39

Die Mantra-Methode

Sie wiederholen – gekoppelt mit dem Atem – immer wieder überlieferte heilige Silben oder Sätze ohne dabei abzuschweifen, wie die Perlen eines Rosenkranzes. Wählen Sie ein Mantra, das Ihnen persönlich besonders sympathisch ist. Hier einige Vorschläge:

- Om
- Om mani padme hum
- So ham
- Guru Om
- Amen
- Jesus Christus, erbarme Dich meiner

Die Tratak-Methode

1 Bei der Tratak-Meditation fixieren wir unverwandt für etwa drei bis fünf Minuten eine vor uns befindliche Kerzenflamme, um danach die Augen zu schließen und uns für den Rest der Meditation auf den dadurch entstehenden Farbreflex im dritten Auge zu konzentrieren.

In einem der schönsten Texte zur Meditation, der Unterweisung des Naropa durch Tilopa (buddhistischer Meditationsmeister 988 bis 1069 n. Chr.), heißt es:
»Tu nichts mit dem Körper – entspanne dich nur.
Verschließe fest den Mund und sei nun still.
Entleere deinen Geist und denk an nichts.
Lass deinen Körper leicht wie einen hohlen Bambus ruhn.
Kein Geben und Nehmen: Der Geist ruht.
Mahamudra ist wie ein Geist, der sich an nichts mehr klammert.
Wenn du dich darin übst, erreichst du bald die Buddhaschaft.«
(Den gesamten Text finden Sie im Anhang auf Seite 88 f.)

Kleiner Qi-Gong-Kreislauf

Mit diesem kleinen Qi-Gong-Kreislauf (9-Paläste-Qi-Gong) lenken Sie das Bewusstsein. Es handelt sich um eine Konzentrationsübung auf die wichtigsten Punkte des Meridiansystems. Sie wird mit geschlossenen Augen in der Haltung der Sitzmeditation praktiziert. Die Hände liegen in der geschlossenen Meditationshaltung (siehe Seite 34f.) mit der Kleinfingerseite am Unterbauch.
Wenn Sie sich in der Wirbelsäule wie ein Bambusrohr im leichten Windhauch in der Senkrechten eingeschwungen haben, vergewissern Sie sich, dass die Zungenspitze am oberen Gaumen anliegt.

▬ Konzentrieren Sie nun Ihr ganzes Denken, Fühlen, Empfinden auf das untere Dantien (3-Fingerbreit unterhalb des Bauchnabels im Inneren der Bauchhöhle) und verweilen Sie dort in kontinuierlicher Bewusstheit für mindestens fünf ruhige Atemzüge.

▬ Mit dem nächsten Atemzug lenken Sie Ihr Bewusstsein (und damit die Energie) zum so genannten Dammpunkt »Hui Yin«, dem Ursprungspunkt des weiblichen Zentralmeridians (Konzeptionsgefäß, Du Mo verläuft zentral auf der Vorderseite des Körpers von der Unterlippe bis zum Damm), der an der Basis des Beckenbodens, zwischen Geschlechtsteil und Darmausgang, liegt. Sie können zur besseren Vergegenwärtigung dieses Punktes die Beckenbodenmuskulatur einen Augenblick lang anspannen und dann gleich wieder loslassen. Verweilen Sie auch hier mit entspannter Bewusstheit für mindestens fünf ruhige Atemzüge. Sie können sich dabei vorstellen, den Atem durch den Dammpunkt fließen zu lassen, so, als hauchten Sie in eine Glut, die dadurch aufleuchtet. Bei stetiger Übung wird es irgendwann so weit sein, dass sich der entsprechende Punkt nicht nur in der Vorstellung, sondern tatsächlich fühlbar erwärmt.

▬ Mit einem der nächsten Atemzüge lenken Sie Ihre Bewusstheit zum so genannten Steißbeinpunkt, Wei Lü, dem Ursprungspunkt des männlichen Hauptmeridians (so genannter Gouverneur, JenMo), der auf dem Rücken an der Wirbelsäule bis zum Scheitel verläuft. Er liegt ein klein wenig höher an der Basis des Steißbeins. Auf diesen beiden Punkten 2 und 3 ruhen wir bei der Meditation im Sitzen, wobei der Weilü-Punkt guten Halt nach schräg hinten vermittelt.

▬ Danach wird das Bewusstsein und damit die Energie zum »Nierenpunkt« (Mingmen) gelenkt. Dieser Punkt wird oft auch als »Tor des Lebens« bezeichnet (Sitz der ererbten Energie und Speicherenergie). Er liegt etwa in der Mitte der Lendenwirbelsäule auf einer Verbindungslinie vom Nabel zur Wirbelsäule vor dieser im Körperinneren. Es ist oft der Bereich, wo wir in Schwächesituationen einknicken und uns durch ein Hohlkreuz zu stabilisieren suchen. Durch den Energiezuwachs bei dieser Übung wird er gestärkt und richtet Sie hier gerade auf. Für fünf Atemzüge hier gesammelt verweilen und den Atem gedanklich durch den Nierenpunkt fließen lassen!

▬ Der nächste Punkt auf unserer Reise ist der so genannte »Brustwirbelpunkt« (Dazhui), der ein wenig unterhalb des prominenten 7. Halswirbels etwa auf der Verbindung der Schulterlinie mit der Wirbelsäule liegt. Wenn Sie sich auf ihn konzentrieren und gedanklich Wärme in diesem an Yang-Energie reichen Punkt entstehen lassen, können Sie beobachten, wie die Schultern sich sanft öffnen und entspannen. Verweilen Sie mindestens fünf Atemzüge lang.

▪ Von dort aus lassen Sie die Energie in Ihrer Vorstellung und Empfindung weiter nach oben steigen, zum so genannten »Jadekissen« (Juzhen), einem flächigen Bereich am Hinterkopf zwischen den Ohren. Das ist der Bereich, in dem die Wirbelsäule in den Kopf mündet und die entwicklungsgeschichtlich ältesten und besonders lebenswichtigen Stammhirnfunktionen liegen. Stellen Sie sich vor, Sie könnten durch Ihre gesammelte Bewusstheit das Jadekissen so mit Energie anreichern, dass es hinter dem Kopf wie ein Heiligenschein zu strahlen beginnt. Es ist dies in der Tat einer der Bereiche, wo wir bei Heiligenfiguren einen solchen Schein oder Strahlenkranz abgebildet finden, als hätten besonders sensible Menschen die Fähigkeit gehabt, diese Energie in der Aura eines heilen (heiligen) Menschen zu sehen. Wenn Sie sich einen solchen Heiligenschein hinter dem Kopf vorstellen, stören Sie sich nicht durch den Gedanken, das sei kitschig oder unzulässig, weil Sie nicht heilig seien. Denken Sie vielmehr daran, dass Vorstellung und Imitation die schnellste Form zu lernen darstellen (»Du bist, was du denkst, und du wurdest, was du dachtest.«). Wir imitieren so viele Dinge bedenkenlos, die uns schaden. Versuchen Sie es jetzt einmal anders herum. Denken, fühlen, empfinden Sie sich mit dem Bild des Strahlenkranzes hinter dem Kopf in die Vorstellung hinein, wie es sich wohl anfühlen mag, ganz und gar heil zu sein und Ihre sanften Atemzüge während der Konzentration auf das Jadekissen wahrzunehmen.

Kleiner Qi-Gong-Kreislauf

*Licht atmend –
Verweile ich im
Lichtkörper –
Und im strahlenden
Diamanten des dritten
Auges auf der Stirn –
Im Lächeln badend –
Spüre ich die sanfte
Dünung
der Bauchdecke –
Unendlicher Frieden
breitet sich aus*

▬ Die Energiereise nach oben gipfelt im »Scheitelpunkt« (Baihui), dem höchsten Punkt auf der Mitte des Schädels. Dieser besonders Yang-intensive Punkt ist analog zu dem 7. Kronenchakra der hinduistischen Chakrenlehre zu sehen. Er wird oft auch als »tausendblättriger Lotos« bezeichnet und bei Buddha-Statuen meist durch eine mützenartige vielblättrige Erhebung oder gar durch eine an dieser Stelle entspringende Energieflamme symbolisiert. In den Darstellungen christlicher Heiligenfiguren wird manchmal auch hier der Heiligenschein abgebildet. Stellen Sie sich jetzt vor, dass sich der tausendblättrige Lotos am Scheitelpunkt voll entfaltet und sich ein Lichtkanal zum Himmel hin bildet. Atmen Sie mindestens fünf Atemzüge lang Licht ein und lassen Sie es gedanklich mit den Ausatemzügen durch den ganzen Organismus strömen, so lange, bis alles in der Vorstellung lichterfüllt ist, als säßen Sie in einem Lichtkörper.

▬ Von dort aus lassen Sie mit einem der nächsten Atemzüge das Licht breitflächig wie einen Wasserfall aus Licht über die Stirn nach unten strömen und sich im »dritten Auge« zwischen den Augenbrauen sammeln. Hier befindet sich das obere Dantien, der so genannte obere Energiesee (Shaodantien) analog zum 6. Chakra der Hindus. Wenn Sie Ihre Bewusstheit hier sammeln, kann die Stirn frei und weit werden und das dritte Auge wie ein bläulich strahlender Diamant aufleuchten. Die Augen entspannen sich dabei und ein seliges Lächeln kann in ihnen fühlbar werden. Der Kontakt der Zungenspitze mit dem Gaumen wird noch einmal ganz bewusst, denn hier liegt die Verbindung des männlichen Zentralmeridians (vom Steißbeinpunkt über die bisherigen Stationen bis zum oberen Gaumen) mit dem weiblichen Zentralmeridian (mit der Zunge verbunden von der Unterlippe bis zum Dammpunkt). Verweilen Sie für mindestens fünf Atemzüge.

▬ Von hier fließt die Energie mit einem der nächsten Atemzüge an beiden Seiten der Nase über Kinn und den Kehlkopf in den Bereich des Solarplexus, analog zum 4. Chakra. Hier befindet sich, etwa auf Höhe der Brustwarzen beim Brustbein gelegen, das mittlere Dantien (Zhongdantien), auch als das mittlere Zinnoberfeld oder der mittlere Energiesee bezeichnet. Sie können sich dabei auf die Vorstellung konzentrieren, Ihr Solarplexus beginne wie eine Sonne zu strahlen.

▬ Der Energie(Qi-)Kreislauf schließt sich mit dem Hinströmen und Sammeln der Energie im unteren Dantien (Shangdantien), wo die Reise begann. Zentriertheit, Wärme und Sammlung lassen sich dort fühlen und unendlicher Frieden breitet sich mit jedem Atemzug aufs Neue aus.

Diese Übung eignet sich auch vorzüglich dafür, die richtige, aufrechte Sitzhaltung von Innen heraus zu erspüren und zu korrigieren.
Besondere Bedeutung haben dabei zwei Energiepunkte auf der Wirbelsäule: Der Steißbeinpunkt, der schräg nach hinten abstützend die untere Wirbelsäule aufrecht hält, und das Jadekissen, welches – mit angezogenem Kinn nach hinten geführt – den Nacken streckt und durchlässig macht.
Sie wird – je nach Tradition – oft auch in der Form praktiziert, dass ein ganzer Kreislauf während eines einzigen Atemzuges durchlaufen wird.

FORMEN DER MEDITATION 43

Tipps für das Meditieren

Bei allen Meditationen wirkt die rechte Umgebung unterstützend und hilfreich:
- Einfach und natürlich, wenn möglich in der Natur
- Nicht zu heiß und nicht zu kalt, kein Reizklima
- Leichte lockere Kleidung (am besten ausschließlich der Meditation gewidmet)
- Ruhig, still, nur ausnahmsweise durch sanfte Musik unterstützt

Harmonische Bedingungen

Was die äußeren Rahmenbedingungen betrifft, so gelten als besonders förderliche Umstände: eine moderate Temperatur, weder zu heiß noch zu kalt. Daneben ist es wichtig, sich eine möglichst angenehme, ästhetisch wohltuende Umgebung für seine Übungen auszuwählen. Die Umgebung, in der ein Mensch sich aufhält, ist nicht blanke Äußerlichkeit. Es ist nachweisbar, dass eine Umgebung von stiller Schönheit sich sehr fördernd auf den Menschen auswirkt, der sich in ihr befindet. Harmonische Rahmenbedingungen begünstigen und sind besonders für den Anfänger außerordentlich hilfreich, aber auch für den Fortgeschrittenen wohltuend. Jeder weiß, dass man schlechte Stimmung nicht durch Kosmetik verdecken kann. Man kann aber sehr wohl erfahren, wie aufbauend es ist, sich an einem Tag, an dem man »mit dem linken Bein aufgestanden ist«, zu duschen, zu pflegen und so zu kleiden, dass man sich attraktiv und gut fühlt.

Die schon erwähnte psychologische Glücksforschung hat – ganz nebenbei gesagt – auch ergeben, dass ein ästhetisches und harmonisches Umfeld einen nicht unerheblichen Beitrag zum Entstehen des Glücklichseins leistet. So gehört zu der rechten »Umgebung« für die Meditation auch, dass Sie sich vielleicht einen Meditationskimono oder einen Tai-Chi-Anzug besorgen oder eine andere Ihnen besonders angenehme Kleidung der Übung »widmen«. Es ist nicht nötig, sich von solchen Äußerlichkeiten abhängig zu machen. Natürlich können Sie auch in der Jeans oder dem Jogginganzug trainieren. Doch es wirkt anregend und positiv einstimmend, wenn man die Übungen auch in der Weise ritualisiert, die Umgebung und Kleidung zu »widmen«. Schließlich liegt ja darin auch für Sie eine Möglichkeit sich auszudrücken. Und Meditation hat auch viel mit der Freude zu tun, Leben zu zelebrieren. Griesgrämige Askese und trotzige Verleugnung schöner Dinge als unwichtige Äußerlichkeiten führen nicht zum Ziel.

Ein schöner Ort

Schöne Umgebung bedeutet konkret bei Übungen im Freien einen einsamen, am besten von Passanten nicht einsehbaren Platz zu suchen. Wählen Sie eine natürliche Umgebung, die Sie persönlich besonders anspricht. Denn je wohler Sie sich fühlen, desto mehr Freude bereiten auch die Übungen. Hitze oder direkte Sonneneinstrahlung sollten Sie dabei eher meiden. Am besten ist eine wohltemperierte, vielleicht sogar angenehm kühl und frisch anmutende Atmosphäre. Auch anderen zu starken Reizen sollten Sie bei der Auswahl der Umgebung aus dem Wege gehen. So idyllisch ein laut brausender Wasserfall auch sein mag, er lenkt gerade den Anfänger stark vom Wesentlichen ab. So romantisch ein starker Wind an der Meeresküste in den Haaren zaust, für die Meditation stellt er keine optimale Bedingung dar. Sicherlich werden wir nicht immer ideale Bedingungen vorfinden, nichts lässt sich erzwingen. Dann ist es besser in geschützten Räumen zu trainieren. Auch dort kön-

nen wir dazu beitragen, dass eine wohltuende, vielleicht sogar ein wenig festliche Atmosphäre entsteht. Schlichte einfache Räume, die angenehm beleuchtet sind und in denen Blumen gedeihen, eignen sich am besten. Wenn selbst das nicht möglich ist, dann sind wir ja gut vorbereitet durch das Geschenk unserer Vorstellungskraft. Auch in einer Fabrikhalle kann man vor seinem inneren Auge ein in frischem Grün sprießendes Reisfeld oder eine persönliche Lieblingslandschaft entstehen lassen.

Der akustische Hintergrund

Zu den Rahmenbedingungen zählt auch der akustische Background. Wir dürfen nicht unterschätzen, wie sehr all die Geräusche, die wir wahrnehmen, unsere Befindlichkeit beeinflussen. Die Begriffe »Stimmung« oder »Stimmigkeit« sind Hinweis auf den Zusammenhang akustischer Reize mit unserer Gefühlswelt, aber auch unserem Empfinden dafür, was richtig ist (was stimmt). Am Tonfall in der Stimme eines Menschen können wir dessen Stimmung oft besser erkennen, als in den Worten, die er spricht. Es mag kein Zufall sein, dass sich in unserem Gehörorgan gleichzeitig auch der Gleichgewichtssinn befindet, der uns dabei hilft, »aufrecht« zu sein. Niemand kann die enorme Wirkung verleugnen, die Musik auf die Gefühlswelt ausübt. Diese Tatsache nutzt man für die Musiktherapie. Und so wollen wir uns auch bewusst machen, wie sehr wir durch die Auswahl der akustischen Rahmenbedingungen den Erfolg der Meditationen mitbestimmen.

Wenn Sie nicht in Stille meditieren möchten, können Sie eine geeignete musikalische Begleitung wählen.
Nehmen Sie dazu keine zu anspruchsvolle Musik, das könnte Sie dazu verleiten in deren Betrachtung abzuschweifen.
Je minimalistischer, je einfacher der »Klangteppich« im Hintergrund, desto besser unterstützt er es, zur Ruhe zu kommen.
Es gibt heute eine große Auswahl ruhiger, für Meditation geeigneter Musik. Für Bewegungsmeditationen eignen sich ruhige klassische Adagios und Largos sehr gut.
Ziel wäre allerdings, im Laufe der Zeit sich eher der Meditation in Stille zu nähern.

Meditation im Stehen

Grundlagen

Stehen wie ein Baum – in Ewigkeit stehen

Nach der Regel »Je einfacher die Form der Meditation, desto tiefer die Wirkung«, zählt die Meditation im Stehen zu den essenziellsten Meditationsformen. Sie ist die »männlichste« unter den Grundformen Sitzen – Stehen – Liegen und beansprucht die größte Wachheit. Im Gegensatz zu der völlig entspannten Position bei der Meditation im Liegen ist hier – ähnlich wie beim Sitzen – die richtige Haltung entscheidend.

Locker und entspannt stehen

Stellen Sie sich vor, dass die Wirbelsäule aushängt wie eine Ankerkette. Das Becken kann so wie ein Anker an der Kette frei schwingen, es hängt locker und entspannt, besonders im Lendenwirbelbereich.
Sie können sich auch vorstellen, dass Sie im warmen Thermalswimmingpool von einer Auftriebshilfe gehalten werden und im Wasser »hängen«.
Probieren Sie eine solche Stellung aus und versuchen Sie sich bei der Meditation im Stehen an die entsprechenden Empfindung in der Wirbelsäule zu erinnern. Oder stellen Sie sich Folgendes vor: wie eine halb gefüllte Flasche lotrecht im Wasser zu hängen. Der Kopf ragt wie ein Flaschenhals aus dem Wasser. Der Körper ist schwerelos durch den Auftrieb des Wassers. So gelangen Sie bestimmt von selbst in die richtige Position.

Haltung der Füße und Knie

Kennzeichen der Stehmeditationen ist ein sicherer schulterbreiter Stand mit parallel stehenden Füßen.
Halten Sie die Knie immer leicht gebeugt, selbst wenn das anfangs für die Oberschenkelmuskulatur etwas anstrengend ist. Das trägt zu der richtigen Haltung der Wirbelsäule im Lendenbereich bei.
Eine Stehmeditation finden Sie auf der CD (Nr. 2) und auf Seite 84 f. im Anhang.

Der Qi-Gong-Stand

Dieser Stand wird auch als Ten- oder Tai-Chi-Stand bezeichnet.
Halten Sie die Knie immer etwas gebeugt. Als Fortgeschrittener können Sie die Knie noch etwas tiefer absenken, jedoch nicht weiter als – von oben betrachtet – auf einer Linie mit den Fußspitzen.
Achten Sie beim Meditieren darauf, dass der Atem kontinuierlich fließt und dass Sie immer wieder zur Wirbelsäule und hier besonders in den Lendenbereich hineinspüren und locker aushängen.
Beginnen Sie mit ca. vier Minuten und steigern Sie die Zeit jede Woche um eine Minute. 10 bis 15 Minuten sind eine gute Zeit für eine Stehmeditation. Profis meditieren in dieser Haltung bis zu 45 Minuten.
Was die Höhe der Handhaltung anbetrifft, können Sie zwischen den drei folgenden Positionen wählen.

Die Basisposition

Diese Position eignet sich besonders für den Beginner, da sie Ruhe und Stabilität vermittelt.

1 Die Hände schweben auf der Höhe des unteren Dantien (Energiezentrum, drei Fingerbreit unterhalb des Nabels, im Inneren der Bauchhöhle, in Japan: Hara).
Unser Denken, Fühlen und Empfinden ist während der Meditation auf das untere Dantien und die sanft dünende Bewegung der Bauchdecke gerichtet.
Diese Position ist die stabilste. Sie vermittelt einen festen Halt und »erdet« den Meditierenden am besten.

Qi-Gong-Stand: zwei andere Haltungen

Die mittlere Position

Bei dieser Position wird durch die Handhaltung auf Höhe des Solarplexus ein anderer Wirkungsakzent gesetzt als bei der stärker »erdenden« Basisposition. Die Öffnung des Menschen im Kontakt zu anderen Menschen wird angeregt. Es geht nicht um das Ruhen in sich selbst.

1 Die Hände schweben auf der Höhe des mittleren Dantien (etwa Solarplexus).
Die Konzentration ist während der gesamten Meditation auf die Öffnung des Herzens gerichtet, als würden mit jedem Ausatmen Wellen von Wärme vom Herzen nach allen Seiten ausstrahlen. Auch der Blick wird ruhig. Blicken Sie gleichzeitig nach außen wie nach innen, ohne einen bestimmten Punkt oder Gegenstand zu fixieren. Nach einer Weile des Stehens werden Sie spüren, dass immer wieder kleine Korrekturen in der Wirbelsäulenhaltung nötig werden, damit keine Verhärtung oder »Verholzung« eintritt.
Kontrollieren Sie immer wieder die Position des Beckens: Es soll locker und entspannt aushängen und die Wirbelsäule durch sein Gewicht förmlich in die Länge ziehen, so dass während der Stehmeditation keine Spannung im Lendenbereich entstehen kann.
Ebenso hilft es immer wieder auf die gleichmäßige Verteilung des Gewichts auf die Fußsohlen zu achten: nicht zu weit zu den Zehenballen hin, nicht zu sehr in Richtung Fersen, sondern zentral in die Mitte.

Die hohe Position

Sie symbolisiert die Offenheit des Geistes.

2 Die Hände schweben auf der Höhe des oberen Dantien (drittes Auge auf der Stirn).
In unserer Vorstellung lassen wir während der Meditation zwischen den Augenbrauen Raum entstehen, mit Licht füllen und sich zu einer Perle von gleißend hellem Licht verdichten. Wir verweilen mit unserer Bewusstheit völlig entspannt in diesem Lichtpunkt.

Die mittlere, aber vor auch allem die höhere Position sollte erst beim fortgeschrittenen Üben angewendet werden, da bei längeren Stehmeditationen über 20 Minuten die geringere Blutzirkulation die Übung für den Anfänger so erschwert, dass er sich nicht angemessen entspannen kann.

Stehen wie ein tausendjähriger Baum

Meditation im Liegen

Grundlagen

Einfach nur liegen!

Der Körper weich wie Wasser – der Geist unendlich frei und weit – durch die atmende Seele mit dem Körper verbunden.

Bei den Meditationen im Liegen unterscheiden wir vor allem zwei Gruppen.

Geführte Meditationen

Hierbei handelt es sich eher um eine Vorstufe zu den eigentlichen Meditationen. Dennoch wird diese Form heute generell als Meditation bezeichnet und soll in diesem Buch auch deshalb behandelt werden, weil sie sich zum Einstieg sehr gut eignet.

Im Handel sind viele empfehlenswerte CDs erhältlich, etwa zur Lösung psychosomatischer Probleme, bei Suchtverhalten, Essstörungen oder Ängsten.

Diese Meditationsform hat auch in der Psychotherapie ihren Platz gefunden. Man nutzt aus therapeutischer Sicht die Tatsache, dass die Seele mehr in Bildern »denkt« als in Worten und regt eine Art frei fließender Assoziation in der bildhaften Vorstellung zu einem bestimmten problembesetzten Lebensthema und entsprechenden Lösungsansätzen an.

Die themenbezogene Form der Meditation kommt unserem westlichen Denken sehr entgegen, widerspricht aber eigentlich dem Prinzip der Absichtslosigkeit.

Liegen in absichtsloser Bewusstheit

In dieser Form des vollbewussten entspannten Liegens beginnen in Körper, Seele und Geist Autoregulationsmechanismen zu wirken (der berühmte innere Arzt), die ohne unser Dazutun oder Eingreifen in der richtigen Reihenfolge die anstehenden Probleme lösen.

Im Gegensatz zu der geführten Meditation verzichtet man auf äußere Korrekturen und vertraut auf die Selbstheilungskräfte der Seele. Höhepunkt in therapeutischer Hinsicht ist der so genannte »Tempelschlaf«, bei dem der Heilsuchende im sakralen Raum zur Ruhe kommt und gleichsam (wach) schlafend gesundet.

Zwei Meditationen im Liegen finden Sie auf der CD (Nr. 3 und 4) sowie auf Seite 84 ff. im Anhang.

FORMEN DER MEDITATION

Entspannt liegen

Damit Sie sich gut im Liegen entspannen können, ist es von Vorteil, sich eine relativ weiche Unterlage auszuwählen.
Wenn Sie auf dem Boden liegen, kann das etwa eine dreifach der Länge nach gefaltete Decke sein. Wichtig ist vor allem, dass die Wirbelsäule gut gepolstert ist, die Arme könnten auch gut neben dem Körper auf dem (Teppich-)Boden liegen.

Die Füße liegen etwa schulterbreit geöffnet nebeneinander, die Hände bequem und nicht zu nahe neben dem Körper. Es ist meiner Erfahrung nach besser, die Handflächen zum Boden zeigen zu lassen, weil Sie so noch besser »geerdet« sind.

Im Idealfall liegt der Kopf ohne Kissen auf der Decke. Dabei ist der Nacken gestreckt. Das Kinn wird in Richtung Brust angezogen. Sollte Ihnen diese waagerechte Position unangenehm sein, was oft der Fall bei sehr kontrollierten Persönlichkeitsstrukturen ist, können Sie auch ein flaches Kissen unterlegen.
Wenn der Raum, in dem Sie liegen, warm genug für Sie ist, benötigen Sie keine Zudecke, es sei denn, Sie fühlen sich damit geborgener.
Schließen Sie bei der Meditation im Liegen die Augen, um sich so ganz nach innen konzentrieren zu können.
Dies ist bei geführten Fantasiereisen besonders wichtig, damit sich die innere Vorstellung nicht mit der realen äußeren Welt zeitgleich vermischen kann.

Meditation in Bewegung

Grundlagen

Wie wir wissen, wird durch die permanente achtsame Konzentration auf das, was wir aktuell tun, Energie im System angesammelt und damit eine Voraussetzung für Glück und Gesundheit geschaffen.

Aber so wie stehendes Wasser faulig wird und es der Wirtschaft abträglich ist, wenn Geld zwar vorhanden ist, aber nicht zirkuliert, so ist die zweite wichtige Voraussetzung für die Gesundheit das Fließen der Energie.

Hier haben die Bewegungsmeditationen ihre Domäne. Denn durch meditative Bewegung wird der Atem- und mit ihm der Energiefluss im System besonders angeregt. Dabei entscheidet – wie immer bei der Meditation – das Wie, die Art und Weise, die Qualität der Übung.

Der Begriff der Meditation kann auch von dem lateinischen Wort »mederi« abgeleitet werden, was bedeutet: messen, das richtige Maß finden.

Männer tendieren typischerweise eher zu sportlich leistungsbezogener Aktivität, wollen siegen und kämpfen und schießen damit über die in der Meditation gesuchte richtige Mitte hinaus.

Frauen dagegen betonen eher das entspannte, sinnlich-gefühlvolle Bewegtwerden und bleiben damit unter dem optimalen Maß an Bewegung.

Meditation schafft eine Brücke zur Mitte hin.

Im Qi Gong wird darauf hingewiesen, dass bei den Übungen im Idealfall die Haut durch leichtes Schwitzen seidig zu schimmern beginnt, als Indiz für guten Energie-Fluss (Qi-Fluss).

Starkes Schwitzen wird dagegen als Energieverlust interpretiert und trockene Haut als zu geringer Energiefluss.

Schließlich sollten wir daran denken, dass die Bewegung in der Meditation vor allem das Ziel hat, den Atem als Träger der Lebensenergie ins Fließen zu bringen. Nur eine vom Atemhauch beseelte Bewegung ist Meditation und trägt die Anmut animalischer Natürlichkeit.

Fassen wir zusammen, was wichtig ist:
- Die richtige Dosis an Anstrengung
- Ein gleichmäßiger, sanfter Bewegungsfluss
- Die Bewegung aus der gespürten Mitte
- Spielerische Leichtigkeit, mühelos
- Die vom bewussten Atem beseelte Bewegung

FORMEN DER MEDITATION 53

Ruhiges meditatives Gehen

Achtsamkeit auf Haltung und Bewegung

Unmittelbar vor der Gehmeditation sollten Sie sich einen Moment im Zen-Stehen (siehe Seite 47 ff.) einstimmen und ein begleitendes, entspannendes Naturbild aufgreifen: zum Beispiel eine Wanderung unter blühenden Obstbäumen im Frühling. Lassen Sie das entspannte, offene Lächeln entstehen und spüren Sie den Kontakt der Zungenspitze zum Gaumen.

Die Hände liegen in der Meditationshaltung: der linke Handrücken in der rechten Handfläche, die Daumenkuppen berühren sich. Die Handflächen sind auf dem Solarplexus, die Ellenbogen sind nach außen gerichtet. Beginnen Sie nun wie in Zeitlupe aber ganz natürlich zu gehen und richten Sie Ihre Achtsamkeit dabei auf jedes Detail im Bewegungsablauf. Der Blick ist weich, alles und nichts wahrnehmend, etwa zwei Meter vor Ihnen auf den Boden gerichtet.

Sie nehmen ganz bewusst wahr, wie der rechte Fuß mit der Ferse aufsetzt und über die Fußsohle abrollt. Verlagern Sie den Körperschwerpunkt so, dass Sie in sicherem Gleichgewicht den linken Fuß zum nächsten Schritt vom Boden abheben, gleichmäßig am rechten Bein vorbei gleiten und behutsam mit der Ferse aufsetzen können. Sie spüren, wie Sie auf der linken Fußsohle abrollen, den Körperschwerpunkt verlagern, sich fest verwurzeln und aus dem sicheren Gleichgewicht den rechten Fuß zum nächsten Schritt beginnen abzuheben. Lauschen Sie dabei in Ihren Körper hinein und entspannen Sie alle Muskeln. Der Atem fließt dabei so sanft und gelöst wie bei der Sitzmeditation. Bewegung und Atem sollten so aufeinander abgestimmt werden, dass Sie den Fuß immer mit dem Ausatmen aufsetzen und abrollen und mit dem Einatmen abheben. Dadurch entsteht ein ruhiger und kontinuierlich gleitender Bewegungsfluss. Das bindet die permanente Bewusstheit an die Übung und hindert den Gedankenfluss.

Dauer der Meditation: mindestens 5, maximal 15 Minuten.

Varianten der Gehmeditation

Im Ballon fliegen

Diese Übung ist für die freie Natur gedacht. Suchen Sie sich dazu einen in der Vegetation möglichst abwechslungsreichen Wiesengrund.

Die Gehmeditation wird wie auf Seite 53 beschrieben durchgeführt, nur mit einem Unterschied: Sie legen den Blick weich und entspannt so vor sich auf der Wiese ab, als würden Sie aus einem in 200 Meter Höhe schwebenden Ballon auf die »Miniaturlandschaft« unten blicken. Diese Perspektive lässt mit ein wenig Fantasie Grashalme als Bäume erscheinen oder niedrige Gräser als Büsche. Behalten Sie diesen Blick während Ihrer ruhigen Gehmeditation bei und achten Sie darauf, möglichst gleichmäßig fließend zu gehen, so dass wirklich der Eindruck entstehen kann, im ruhigen Ballonflug über die Landschaft zu gleiten. Wichtig ist der sanfte, kontinuierliche und vor allem bewusste Atemfluss.

Dauer der Meditation: mindestens 5, maximal 15 Minuten.

Schwerelos über die Landschaft fliegen!

FORMEN DER MEDITATION 55

Der Schritt-Atem-Rhythmus

Eine andere Variante der Gehmeditation hat besonders im medizinischen Qi Gong als so genannter »Windatem« eine lange Tradition und wird mit gutem Erfolg bei der Behandlung von Krebs und anderen chronischen Erkrankungen eingesetzt.

Wie alle Meditationsformen wirkt sie so kindlich und einfach, dass unser dekadent gewordener Intellekt Mühe damit hat, an die Wirksamkeit solcher Übungen glauben zu können.

Aber lassen Sie sich doch einfach durch die Praxis überzeugen!

Diese Übung ist eigentlich nicht mehr als ein Spaziergang (möglichst in freier Natur), bei dem wir unsere Achtsamkeit an den Bewegungsfluss binden, indem wir die Schritte und den Atemrhythmus in einem bestimmten Takt koordinieren:

- 3 Schritte ein- und 3 Schritte ausatmen oder
- 2 Schritte einatmen, 2 Schritte Atempause, 2 Schritte ausatmen oder
- 3 Schritte ein- und 4 Schritte ausatmen.

Die letzte Variante mit längerem Aus- als Einatmen vertieft den Atem, sie wirkt besonders entspannend und lösend. Sie bindet durch die Unregelmäßigkeit unsere Präsenz sehr wirksam an die Aktion.

Probieren Sie verschiedene Variationen aus und wählen Sie die zu Ihrer aktuellen Befindlichkeit jeweils stimmige. So passen Sie das Tempo dem Atem bzw. den Atem dem Tempo auf eine Weise an, dass Sie sich ganz in Harmonie mit dem Rhythmus fühlen.

Durch die Konzentration auf den Atem mithilfe der Zählmethode reichern Sie den Atem energetisch (Bewusstsein = Energie) an. Darin mag eine Erklärung für die erstaunlichen medizinischen Wirkungen dieser Übung liegen.

Tai Chi

Es wäre ein Fehler bei den Bewegungsmeditationen die vielleicht wesentlichste, nämlich Tai Chi, unerwähnt zu lassen. Das Problem ist nur: Es ist aus meiner Sicht ganz und gar unmöglich, auch bei bester Methodik und Dokumentation, Tai Chi ausschließlich aus einem Buch zu lernen. Es gibt sehr viele gute Bücher darüber, aber mir ist in meiner über 30-jährigen Tai-Chi-Praxis niemand begegnet, der es auf diese Weise richtig gelernt hat. Wenn Sie das möchten, kommen Sie in eines meiner Seminare oder suchen Sie sich einen Lehrer in Ihrer Umgebung, mit dem Sie regelmäßig üben können.

Deshalb möchte ich mich auf einen sehr einfachen Bewegungsablauf beschränken, mit dem die meisten Tai-Chi-Formen beginnen: das Wecken des Chi.

Wecken des Chi

Wir beginnen wie bei der Stehmeditation in schulterbreitem Stand, die Knie sind leicht gebeugt. Wir versetzen uns wiederum in eine idyllische Landschaft, etwa auf eine sonnendurchflutete Waldlichtung nahe einer Heilquelle in sauerstoffreicher Waldluft. Die Vorstellung solcher Naturbilder hilft der Seele und dem Körper auf unspezifische Weise bei der Entspannung.

Die Zungenspitze liegt am Gaumen, die Stirn ist frei und weit wie ein wolkenloser Himmel. Ein leises Lächeln liegt auf den Lippen und in den Augen.

Die entspannte Mimik öffnet die wichtigen Meridianpunkte um Augen und Mund.

1 Lassen Sie die entspannt ausgestreckten Arme wie von selbst, wie von Luftkissen getragen, mit locker in den Handgelenken hängenden Händen, vor dem Körper bis in Schulterhöhe aufsteigen.

Es ist mehr ein Geschehenlassen als ein aktives Tun. Stellen Sie sich vor, dass Sie bis zu den Schultern in einem warmen Thermalpool stehen und die Arme vom Auftrieb im Wasser nach oben tragen lassen.

FORMEN DER MEDITATION 57

2 In Schulterhöhe angekommen schwimmen die Hände (weiterhin locker in den Handgelenken hängend) in Richtung Schultern. Diese Bewegung ergibt sich einfach dadurch, dass die Ellenbogen entspannt absinken.

3 Dann gleiten die Hände wie über einen Wasserfall fließend nach unten. Dabei richten sie sich im Handgelenk ein wenig auf, so dass die Handflächen immer parallel zur Erde bleiben. Erst ganz unten angekommen, löst sich die leichte Spannung in den Handgelenken, sie hängen nach unten aus, tropfen gleichsam ab.

Im nahtlosen Übergang beginnt die Bewegung wieder von vorne. Die Arme steigen erneut nach oben. Es ergibt sich wie von selbst, dass die Hände mit dem Einatmen aufsteigen und mit dem Ausatmen absinken. Neben der bekannten Bezeichnung: »Das Chi (Qi) wecken« hilft uns die bildhafte Vorstellung: Die Hände streifen über den Wasserfall.

Wiederholen Sie die Übung mindestens achtmal, lassen Sie sie mit der Zeit immer langsamer werden, um dadurch den Atem zu vertiefen!

Qi Gong

Im Gegensatz zu dem etwa nur 300 Jahre alten Tai Chi finden sich die ersten Hinweise auf Qi Gong schon seit etwa dem 12. Jahrhundert v. Chr. im China der Zhou-Dynastie in schamanistischem Gesundheitstraining und Tierimitationen.

Qi bzw. Chi bedeutet Lebensenergie, Bewusstsein, Atemhauch. Gong heißt Übung, Arbeit, Training. Qi Gong kann man also in etwa übersetzen mit Energiearbeit, Atemübung und Bewusstseinstraining.
Die alte Schreibweise von Qi Gong ist Chi Kung.
Qi Gong ist dem mehr oder weniger aus ihm entstandenen Tai Chi sehr ähnlich, wenn sich auch das Qi Gong in der Regel auf isolierte Einzelübungen mit oft medizinischer Ausrichtung beschränkt. Das bedeutet, dass Qi-Gong-Übungen normalerweise isoliert praktiziert werden und der einzelne Bewegungsablauf für sich alleine steht. So gibt es Qi-Gong-Übungen mit besonderer Wirkung auf Muskeln und Sehnen, andere zielen auf Organ-Funktionskreise wie Herz-Kreislauf, Lunge, Dickdarm oder Gallenblase ab. Sie entstammen mehr einem »heilgymnastischen« Ansatz und haben weniger mit dem Kampfkunstaspekt zu tun, der dem Tai Chi eigen ist.
Im Tai Chi ist eine choreografische Aneinanderreihung zu einer Tai-Chi-Form üblich, zum Beispiel die bekannte Peking Form. Aus diesem Grund ist Qi Gong besser darstellbar und soll deshalb etwas ausführlicher behandelt werden.

Die Ähnlichkeit zum Tai Chi wird in der folgenden Übung »Regulation des Qi« deutlich und doch ist es ganz wichtig, bei der Durchführung auf die feinen Unterschiede zu achten.

Regulation des Qi

1 Nach der Einstimmung im schulterbreiten Stand (Naturbild und Lächeln nicht vergessen!) heben Sie die Arme mit dem Einatmen mit zum Himmel gerichteten Handflächen und nach außen gewandten Ellenbogen völlig entspannt und langsam bis in Schulterhöhe.

FORMEN DER MEDITATION 59

2 Drehen Sie die Handflächen sanft, fließend und ruckfrei zur Erde.

3 Senken Sie die Hände mit dem Ausatmen nach unten, als würden Sie einen Ball unter Wasser führen. Wenn Sie knapp unterhalb des Nabels angekommen sind, wenden Sie die Handflächen wiederum ruckfrei und fließend. Lassen Sie die Arme wieder mit dem Einatmen nach oben schweben.

Mit dem Anheben der Hände verbinden Sie die Vorstellung Energie anzuheben, so wie ein Baum durch Wurzeln und Stamm den Saft aus dem Boden nach oben zieht. Mit dem Absenken führen Sie gedanklich die Energie konzentriert in das untere Dantien (Energiezentrum, drei Fingerbreit unterhalb des Nabels im Inneren der Bauchhöhle).
Leben Sie sich so in die Übung ein, als könnten Sie den Energiestrom tatsächlich spüren.

Stellen Sie sich vor, dass mit dem Anheben die Energie wie ein Lavastrom aus der Erdmitte nach oben steigt und Sie ihn mit dem Ausatmen beruhigend nach unten ins Dantien einsammeln.
In den harten Kampfkunsttechniken wird diese Übung in sehr kraftvoller Form für das so genannte »Panzerhemd-Qi-Gong« eingeübt, in dem der Oberkörper durch Anreicherung des Qi für Angriffstechniken und Schläge unempfindlich gemacht werden soll. Vielleicht haben Sie schon einmal gesehen, wie bei Demonstrationen der Shaolin-Mönche Kampfstöcke auf dem bloßen Oberkörper oder den Armen zerschlagen werden, ohne jede traumatische Wirkung auf das Körpergewebe.
Bei dieser über viele Jahre trainierten Panzerhemd-Übung wird der imaginäre Ball kraftvoll wie gegen einen großen Widerstand nach unten (unter Wasser) gedrückt.
Bei unserer Variante dagegen geschieht dies völlig entspannt und mühelos. Daher heißt die Übung auch: »Himmel und Erde schweben«.

Himmel und Erde schweben

Qi Gong

Die ältesten Bewegungsmeditationen der Menschheit sind Tierimitationen: die Anmut des Natürlichen wird nachempfunden.
Je tiefer Sie sich einfühlen, desto kräftiger ist die Wirkung!

Der Kranich breitet seine Schwingen aus

Der Kranich ist einer der Glücksvögel im fernöstlichen Denken. Versetzen Sie sich für diese Übung gedanklich als Kranich auf ein frisches grünes Reisfeld in der aufgehenden Morgensonne.

Für die Wirkung dieser meditativen Bewegungsformen ist die Identifikation von entscheidender Bedeutung. Aus ihr resultieren 70 bis 80 Prozent der Wirkung. Zwar sind auch die Bewegungsabläufe als solche bis in die feinsten Details entwickelt worden, doch ohne die meditative Innigkeit in der Durchführung blieben sie doch nur anspruchsvolle »Gymnastik«.

Führen Sie sich immer wieder vor Augen, dass es der Grad der inneren Beteiligung am Geschehen ist, der die Wirkung meditativer Übungen ausmacht. Technisch-funktionale, sportliche Bewegung bleibt dagegen oberflächlich, erreicht nur den Körper, nicht aber Seele und Geist und verfehlt damit die Zielrichtung der Bewusstseinsschulung.

1 Sie stehen mit schulterbreit geöffneten Füßen und setzen das rechte Bein leicht schräg nach hinten zurück.
Verlagern Sie das Gewicht zu etwa 70 Prozent auf dieses Bein. Wenn Sie bewusst in der rechten Hüfte und im rechten Knie etwas nachgeben, werden Sie feststellen, dass sich dadurch Hüfte und Oberkörper etwas nach links drehend einschwingen.
Nun beginnen Sie zusammen mit dem Einatmen die Arme (die Schwingen) zu heben und zur Seite hin auszubreiten. Verlagern Sie dabei gleichzeitig das Gewicht etwa zu 60 Prozent auf das linke vordere Bein.

FORMEN DER MEDITATION 61

2

2 Mit dem Ausatmen schließen Sie die Schwingen und lassen sich gleichsam vom sanften Rückstoß getrieben wieder auf das rechte hintere Bein zurückfließen. Nahtlos übergehend beginnt aus dieser Position wieder die Öffnung der Schwingen und das einatmende Nach-vorne-Gleiten. Besonders wichtig ist der weiche, fließende Übergang an den Wendepunkten. Beim Einatmen in der Vorwärtsbewegung drehen sich die Handflächen leicht schräg zum Himmel, beim Ausatmen, der Atem haucht Sie quasi auf das hintere Bein zurück, leicht schräg zur Erde.

Lassen Sie die Bewegungen sanft im Rhythmus Ihres Atems fließen und leben Sie sich dabei ganz in die natürliche Anmut des Vogels in der Morgenstimmung ein.
Das Einatmen erfolgt – wie bei fast allen Qi-Gong-Übungen – durch die Nase mit der Zungenspitze im Kontakt zum Gaumen.
Das Ausatmen erfolgt durch den Mund, wobei sich die Zungenspitze vom Gaumen löst.

Führen Sie diese Bewegung mindestens achtmal aus.

Qi Gong

Der Kranichgang

Diese sehr schöne Übung kann auch als etwas komplexere Gehmeditation betrachtet werden oder als Miniatur-Tai-Chi-Form. Üben Sie am besten in der freien Natur oder zumindest in der inneren Vorstellung davon. Beachten Sie aber beim Üben in der Natur, dass Unebenheiten im Gelände eine noch größere Achtsamkeit und ein erhöhtes Gleichgewichtsgefühl erfordern.

1 Sie stehen mit schulterbreit geöffneten Füßen. Sie haben wieder ein gelöstes Lächeln auf den Lippen. Beugen Sie bei allen Stehübungen etwas die Knie. Verlagern Sie jetzt den Körperschwerpunkt langsam auf das rechte Bein, um sich in ihm gut zu verwurzeln. (In der Tai-Chi-Sprache: das rechte Bein »füllen« und das linke »leeren«.)

Wenn Sie auf dem rechten Bein sicher stehen, heben Sie das linke Knie und die Arme mit nach oben gerichteten Handflächen an. Das geschieht so, als würden Knie und Hände wie bei einer Marionette am selben Faden hängen. Dabei einatmen.

So kommt das Knie mit waagerechtem Oberschenkel in Hüfthöhe an, wenn die Hände etwa Schulterhöhe erreicht haben.

FORMEN DER MEDITATION

3

4

2 Das Knie behält nun diese Position, während die Handflächen sich nach vorne drehen und die Arme auf Schulterhöhe eine Bewegung wie beim Brustschwimmen vollführen, bis sie seitlich vom Körper ausgebreitet sind. Dabei ausatmen.

3 Drehen Sie die Handflächen zum Himmel. Die Hände steigen nach oben bis in die Senkrechte. Dabei einatmen.

4 Lassen Sie die Hände wie bei der Übung »Wecken des Qi« (siehe Seite 56 f.) mit weichen Ellenbogen zusammen mit dem bislang noch in Hüfthöhe schwebenden linken Knie nach unten sinken. Das Gewicht verlagert sich nahtlos auf das linke Bein, indem Sie sich so gut verwurzeln, als würden Sie förmlich in den Boden einsinken. Dabei ausatmen.

Stimmen Sie die Geschwindigkeit der sinkenden Arme und des sinkenden Beines so ab, dass die Hände unten ankommen, wenn Sie fest im linken Bein verankert sind. Nun beginnt die Übung seitenverkehrt von vorne, indem Sie das rechte Knie zusammen mit den nach oben weisenden Handflächen ansteigen lassen und dabei wieder einatmen. So entsteht, kontinuierlich ausgeführt, der berühmte »Kranichgang«, eine der wirkungsvollsten Qi-Gong-Übungen.

Führen Sie mindestens acht Wiederholungen aus.

Qi Gong

An den Seidenfäden ziehen

Zu dieser Übung stimmen Sie sich zunächst wie bei der Stehmeditation im schulterbreiten Stand ein (siehe Seite 47 – Lächeln nicht vergessen!).

Stellen Sie sich vor, weich wie Seegras im Wasser zu hängen, als könnten Sie die sanfte Dünung als kaum merkliches Hin- und Herschwingen in der Senkrechten spüren. Sie sollten erst mit der eigentlichen Übung beginnen, wenn Sie dieses weiche Fließen in der Senkrechten spüren können. Also kein statisch festes Stehen, sondern ein fließendes labiles Gleichgewicht.

1 Lassen Sie aus dieser Position die Hände locker in den Handgelenken hängend nahe am Körper bis in Schulterhöhe steigen.

2 Strecken Sie die Arme nach vorne aus (dabei elastisch bleiben und die Ellenbogen nicht ganz durchdrücken). Sie werden spüren, dass der Körper etwas nach hinten pendelt, um die Verlagerung des Schwerpunktes auszugleichen, die durch das Ausstrecken der Arme entsteht.

Nun stellen Sie sich vor, mit den Daumen- und Zeigefingerkuppen imaginäre Seidenfäden zu fassen und, indem Sie die Hände in Richtung Schultern zurücknehmen, von den Seidenkokons, auf denen sie aufgerollt sind, abzuziehen.

Weil sich die Arme dem Körper annähern, verlagert sich der Schwerpunkt wieder. Der Körper muss etwas nach vorne pendeln, um im senkrechten Gleichgewicht zu bleiben. So entsteht ein Gefühl, als zögen Sie sich an den Seidenfäden etwas nach vorne.

Wenn die Hände in Schulternähe sind, beginnt die Übung von vorne: Zeigefinger- und Daumenkuppen lösen, die Arme langsam nach vorne ausstrecken, die imaginären Seidenfäden fassen und zum Körper zurückziehen. Die Bewusstheit ist auf die sanfte Pendelbewegung des Körpers und den gleichmäßig fließenden Atem gerichtet.

Das ist eine sehr unscheinbare Übung, die den Geist wunderbar schult und bei der der Unterschied von Bewegungsmeditation und Gymnastik sehr deutlich wird.

Führen Sie mindestens 8 Wiederholungen aus.

FORMEN DER MEDITATION

Wolkenhände

Auch diese Übung beginnt im Stehen mit einer mentalen Einstimmung.

1 Die Füße sind etwas weiter als schulterbreit von einander entfernt. Die Zehenspitzen werden leicht nach außen gedreht und die Knie etwas tiefer gebeugt. Aus dieser Position drehen Sie den Rumpf etwa 45 Grad nach rechts und lassen dabei die linke Hand diagonal über die rechte Schulter steigen, bis sie etwa 50 cm vor dem Körper in Augenhöhe angekommen ist. Von hier zieht die linke Hand mit der Handfläche zum Gesicht gewandt ruhig fließend wie eine Wolke am Himmel nach links vom entspannten, weichen Blick gefolgt. Diese Bewegung entsteht fast ausschließlich aus einer sanften Rumpfdrehung nach links, als bliebe der Arm im Verhältnis zum Oberkörper unbewegt.
Der rechte Arm bewegt sich ebenso. Er ist im Ellenbogen leicht abgewinkelt und mit der rechten Handfläche zum Boden gewandt (»erdend«). In einer Höhe etwas unterhalb des Nabels erfolgt eine Rumpfdrehung nach links.

2 Wenn Sie sich etwa 45 Grad nach links gedreht haben, beginnt die linke »Wolkenhand« zu sinken und gleichzeitig die rechte »Erdenhand« zu steigen, bis sie – in Augenhöhe angekommen – zur »Wolkenhand« wird und mit der nun einsetzenden Rumpfdrehung nach rechts (mit der Handfläche zum Gesicht gewandt) wie eine Wolke am Himmel nach rechts zieht.
Die linke Hand gleitet als »Erdenhand« (die Handfläche zum Boden gerichtet) etwas unterhalb des Nabels mit dem Oberkörper fest verbunden mit der Rumpfdrehung nach rechts.
Hier beginnt wieder die rechte »Wolkenhand« zu sinken und die linke »Erdenhand« zu steigen, die Bewegung fließt wieder nach links.
Die Augen folgen in beide Richtungen immer der am Himmel ziehenden »Wolkenhand«.

Yoga

Yoga ist eines der ältesten Meditationssysteme der Welt. Yoga heißt wörtlich übersetzt so viel wie »Yoch«, es wird aus dem selben Wortstock wie das lateinische Jugum = Joch gebildet. Das Wort weist damit auf die für die Meditation so wesentlichen Verbindung der Gegensätze dieser Welt hin. Geist und Körper, männlich und weiblich, Energie und Form, Gott und Mensch.
Dies wird auch daran ersichtlich, dass es über das bei uns bekannte, stärker körperlich orientierte Hatha-Yoga hinaus sehr viele andere Yoga-Formen und -Wege gibt, wie etwa Jnana-Yoga (Yoga mit dem Akzent auf der Erkenntnis der Zusammenhänge des Seins durch den Intellekt), Bhakti-Yoga (Yoga der Hingabe und Liebe zu Gott mit dem Akzent auf der Schulung des Gefühlskörpers), Raja- (wörtlich: »königlicher«) und Kriya-Yoga (Yoga mit dem Schwerpunkt auf meditativer Praxis), Kundalini-Yoga mit dem Akzent auf Übungen zur Erweckung und Reinigung der Energieleitbahnen im Organismus oder Karma-Yoga, als Yoga der Tat, mit dem Schwerpunkt auf der Schulung selbstlosen Handelns.
Auch bei den meditativen Übungen des Yoga wird das Bewusstsein auf ein bestimmtes Objekt der Betrachtung fokussiert, etwa auf den Atem (Pranayama), auf heilige Silben (Mantra-Meditation), auf Mandalas (Yantra-Meditation) oder auf eine Kerzenflamme und deren Reflex nach geschlossenen Augen im dritten Auge (Tratak-Meditation), um sich mit Hilfe dieser Konzentration und Sammlung immer mehr der Seligkeit der Gedankenleere anzunähern.

Ich möchte mich im Rahmen der Bewegungsmeditationen auf zwei einfache Körperwahrnehmungsübungen (Asanas) beschränken.

Uttanasana

Das ist eine gute Übung zur Beruhigung des gesamten Nervensystems und der Bauchorgane. Sie kräftigt Leber und Niere.
Stimmen Sie sich zunächst wieder ein, indem Sie einen Bewusstseinscheck vom Scheitel bis zur Fußsohle fließen lassen. Denken Sie an Entspannung und Lösung. Sie spüren förmlich, dass der Körper dadurch immer noch ein wenig weicher und entspannter werden kann.

1 Sie stehen mit geschlossenen Füßen. Richten Sie sich zunächst mit zum Himmel gestreckten Armen auf, als wollten Sie die Wirbelsäule nach oben dehnen, um dann den Oberkörper mit gestreckten Knien so weit

wie möglich nach unten sinken zu lassen. Den Kopf führen Sie in Richtung Knie und Unterschenkel. Seien Sie nicht zu ehrgeizig! Lassen Sie sich nur mit tiefen, entspannenden Ausatemzügen vom Gewicht des Oberkörpers nach unten dehnen. So können Sie sich an die eigene Grenze herantasten und geduldig an ihr verweilen. Die Dehnung entsteht durch das Nachgeben und Weichwerden während des Ausatmens.

Freuen Sie sich über den mit der stetigen Übung gewonnenen Bewegungsspielraum. Der bekannte Körpertherapeut Moshe Feldenkrais wies immer wieder darauf hin, in welch engem Zusammenhang körperliche Beweglichkeit und seelisch-geistige Flexibilität zu sehen sind. So offen und beweglich Kinder sowohl im Geist als auch im Körper sind, so sehr verhärtet das Alter nicht nur im Körper, sondern leider oft auch im Geist. Je länger wir uns unsere körperliche Beweglichkeit durch solche meditativen Dehnübungen erhalten, desto wahrscheinlicher bleibt uns auch ein offener und weiter Geist. Die Dehnung an Ihrer persönlichen Grenze sollte allein durch die Entspannung und nicht durch den Willen erreicht werden!

Purvottanasana

Das ist eine gute Übung zur Vertiefung des Atems und der Kräftigung von Hand und Schultergelenken. Übungen, die wie diese eine gewisse Kraftanstrengung fordern, verleiten manchmal dazu, den Atem zu pressen oder anzuhalten. Das bedeutet eine Blockade für den Atem- und Energiefluss. Achten Sie also immer darauf, dass der Atem während der Übung weiterfließt.

2 Sie sitzen mit gestreckten Beinen auf dem Boden und heben das Gesäß. Dadurch entsteht eine Bogenspannung. Verweilen Sie für mehrere Atemzüge in dieser gestreckten Position.
Die Arme sollten dabei senkrecht zum Boden stehen, die Handspitzen bei Anfängern nach hinten zeigen, bei Geübten nach vorne.

Wiederholen Sie die Übungen anfangs nur etwa dreimal. Erst, wenn Sie sich so kräftig fühlen, dass Sie nicht überanstrengt sind, etwa fünf- bis achtmal.

Tanzmeditation

Die Tanzmeditation ist – ähnlich wie Tai Chi – von ihren Bewegungsabläufen her so komplex, dass sie sich für eine Übungsanleitung per Buch nicht eignet. Daher möchte ich mich hier auf den theoretischen Aspekt beschränken. Im breiten Spektrum der Tanzmeditationen kann man vor allem zwei Richtungen unterscheiden:

■ Beschwingte, rhythmisch-dynamische Formen, die in eine Art Trancezustand hineinführen, in dem das Gefühl im Vordergrund steht: Ich werde bewegt, es lässt mich tanzen. Hier überwiegt das ekstatische Erleben. Das kontrollierende Ich verliert sich in der Eigendynamik des Tanzes.

Diese Form eignet sich nicht für seelisch labile Menschen, sondern setzt eher eine starke Persönlichkeit voraus.

■ Ruhige, bis ins Detail streng ritualisierte Tanzformen, bei denen jeder Schritt, jede Geste und Handbewegung symbolische Bedeutung hat.
Hier wird der Zustand meditativer Transzendenz durch Achtsamkeit, Konzentration und Kontrolliertheit, ähnlich wie im Tai Chi, gesucht.

So unterschiedlich die Ansätze auch sein mögen, beide Richtungen sind aus der Suche des Menschen nach einer mystischen Einheitserfahrung mit dem Göttlichen entstanden, sind also ursprünglich sakrale Tänze. Es geht nicht um vordergründiges Lustempfinden, sondern gleichsam um ein »Gebet in Bewegung«. Auch fehlt hier der sonst beim Tanz sehr ausgeprägte, auf einen Partner ausgerichtete, werbende Charakter (»Balztanz«). Der meditative Tanz sucht nicht die erotische Vereinigung mit dem Menschen, sondern die mit dem Göttlichen. Er fördert die Einsicht und nicht die »Aussichten«.
Es gibt eine lange religiöse Tradition in nahezu allen Kulturen: etwa in den Tempeltänzen des Hinduismus, den schamanistischen Tänzen des tibetischen Buddhismus sowie afrikanischer oder indianischer Medizinmänner. Im weitesten Sinne könnte man sogar die aktuelle Bewegung in der Jugend, sich in Technorhythmen in Trance zu tanzen, als intuitive Sinnsuche nach religiöser Erfahrung verstehen.
Allen diesen Tanzmeditationen sind jedoch die Grundprinzipien der Bewegungsmeditation eigen: aufgehen in der Lebendigkeit des Hier und Jetzt, Selbst-bewusste Präsenz, inniges Erleben, spielerische Leichtigkeit und liebevolle Aktion in völliger Entspannung.

FORMEN DER MEDITATION 69

Ein weiteres Beispiel für die auf Seite 68 genannte dynamische Variante der Tanzmeditation ist der in einen ekstatischen Zustand führende Wirbeltanz der Derwische, die sich langsam beginnend immer schneller um ihre eigene Achse drehen, um so in einen religiösen Trancezustand gelangen.

Der indische oder balinesische Tempeltanz dagegen ist ein klassisches Beispiel für einen kontrollierten Bewegungsablauf, der in jeder einzelnen symbolträchtigen Geste bis ins Detail vorgeschrieben ist. Durch den Tempeltanz werden Inhalte vermittelt, die von religiöser Liebe und Verehrung handeln.

Meditation im Alltag

Tipps zur Umsetzung
im ganz normalen Leben

MEDITATION IM ALLTAG 71

Meditativ leben

Grundlagen

In diesem Abschnitt kommen wir zur Krone aller Meditationsformen, dem meditativen Leben, der Übertragung aller bisher anhand der traditionellen Formen gelernten Meditationsprinzipen in den ganz normalen Alltag. Meditatives Leben meint ein in allen Schattierungen des Lebens voll bewusstes Leben. Diese Meditations-»Form« ist nach außen eigentlich gar nicht mehr kenntlich, weil sie sich in keinen der bekannten Meditationsklischees oder exotischen traditionellen Formen zeigt, sondern nur durch den besonders hohen Grad an Präsenz und Bewusstheit und die sich dadurch ergebende Ausstrahlung, das Glück und die Zufriedenheit des »Übenden«.

Autofahren einmal anders

Jeder kennt die unleidliche Situation im Stadtverkehr oder auf der Autobahn im Stau zu stehen. Schnell empfinden wir dabei den Frust, Zeit unnütz zu vertun oder gar zu verlieren.
In Wirklichkeit bekommen wir hier vom Schicksal ein Angebot, uns durch Meditation zu zentrieren: Wenn Sie den Griff am Lenkrad lockern, schweben die Arme ohnehin schon in einer Haltung, wie bei der Stehmeditation. So können Sie – entspannt sitzend – den Blick ruhig auf der Kühlerhaube vor Ihnen ablegen, durch ein leises Lächeln alle Meridianpunkte im Gesicht entspannen, Ihr Bewusstsein auf den Atem richten und, die sanfte Dünung der Bauchdecke spürend, die Atemzüge zählen, um so die Konzentration ganz beim Atem zu behalten.
Achten Sie darauf, die Arme bis in die Fingerspitzen völlig zu entspannen und auch darauf, dass der Blick »glasig«, gleichsam alles und nichts wahrnehmend, nach außen und nach innen schaut, ohne sich von äußeren Eindrücken ablenken zu lassen. So werden Sie eine Auflösung des Staus sofort bemerken.
Sollte der Stau wirklich eine gute Viertelstunde dauern, dann hätten Sie Ihr Tagespensum an Meditation damit schon erfüllt! Wenn er länger dauert – umso besser. Selbstverständlich sollten Sie diese Übung nur ausführen, wenn Ihr Auto tatsächlich steht und nicht während der Fahrt.
Lassen Sie sich bei diesen Alltagsübungen nicht durch Spötteleien von anderen aus der Ruhe bringen, sondern betrachten Sie die Meditation als eine Möglichkeit durch Konzentration auf die eigene Mitte unabhängig von äußerlichen Irritationen zu werden.

MEDITATION IM ALLTAG 73

Das Telefon zur Tempelglocke machen

Wen nervt nicht manchmal das Klingeln des Telefons? Jetzt können wir auf einen Tipp des bekannten vietnamesischen Zen-Meisters Thich Nhat Hanh zurückgreifen. Er sagt: »Nimm das Läuten des Telefons als die Tempelglocke, die zur Achtsamkeit ruft. Lass' es – gleich, wer anruft – dreimal läuten und nutze diese Zeit, um dich zu sammeln und zu dir zu kommen. Spüre deine Fußsohlen im Kontakt zum Boden, entspanne deinen Körper ganz, lass' Raum entstehen zwischen deinen Augenbrauen und die Stirn frei und weit werden wie den wolkenlosen Himmel. Empfinde tief und ruhig atmend die sanfte Dünung deiner Bauchdecke und erst jetzt, wenn du ganz bei dir bist, nimm' den Telefonhörer ab.

Wer so hektisch und ungeduldig ist, dass er schon vorher auflegt, ist deiner nicht würdig. Er würde dir nicht gut tun. Wer bis zum vierten Klingeln warten kann, bekommt in dir jetzt einen gesammelten, zentrierten Kommunikationspartner mit der Chance eines entspannten und besonders erfolgreichen Gesprächs.«

Der namhafte Glücksforscher Prof. Csikszentmihalyi gibt übrigens als Resümee jahrelanger Forschung einen fast identischen Rat. Er sagt: »Wer glücklicher werden will, sollte wenigstens alle 90 Minuten für 90 Sekunden innehalten, um ganz zu sich zu kommen und sich wahrnehmend zu spüren.«

Das Telefonläuten erinnert uns täglich an diese Chance!

Tai Chi in der U-Bahn

In alten Kampfkunstfilmen können wir beobachten, wie sich die Meister dieser Disziplin förmlich in den Boden eingraben, um sicheren Standes für den Angriff der Gegner gewappnet zu sein.

Wenn wir im Bus oder in der Straßenbahn zur Arbeit fahren, eröffnet sich für uns eine schöne Möglichkeit unseren Gleichgewichtssinn und unsere Standfestigkeit auf meditative Art und Weise zu trainieren.

Dazu nehmen Sie aus dem schulterbreiten Stand eines der Beine leicht schräg nach hinten zurück und verlagern Ihr Gewicht zu etwa 60 bis 70 Prozent auf dieses Bein (wie in der Übung »Der Kranich breitet seine Schwingen aus«, Seite 60 f.). Stellen Sie sich dabei an eine Stelle im Gang, wo Sie frei stehen können, ohne sich anzulehnen oder festzuhalten.

Verwurzeln Sie sich in der Vorstellung mit den Füßen fest im Boden und sammeln Sie Ihre Bewusstheit im unteren Dantien (Hara), wo Sie der Dünung Ihres Atems nachspüren.

Versuchen Sie während der Fahrt – trotz der Anfahr- und Bremsbewegungen und der Kurven – Ihr Gleichgewicht zu behalten, ohne sich irgendwo abzustützen. So erhalten Sie wertvollen, kostenlosen Tai-Chi-Unterricht, nur mit dem kleinen Unterschied, dass nicht der »Gegner« einer Partnerübung versucht Sie ins Schwanken zu bringen, sondern die Fahrbewegungen der U- oder S-Bahn, Straßenbahn oder Bus.

Sich aufs Glatteis wagen

Wenn im Winter die Seen und Flüsse zugefroren und die Gehwege besonders glatt sind, können Sie die Situation für ein Meditationstraining der besonderen Art nutzen.

Konzentrieren Sie Ihre gesamte Aufmerksamkeit in die Fußsohlen. Stellen Sie sich vor, dass Sie sich mit ihnen wie mit Saugnäpfen auf dem glatten Untergrund festsaugen wollen. Bewegen Sie einen Fuß nur dann, wenn Sie sich mit dem anderen fest im Boden verankert fühlen. Koppeln Sie den Atem und den ruhigen Bewegungsfluss miteinander. Konzentrieren Sie sich beim Gehen auf die Saugnapfwirkung Ihrer Fußsohlen. Nehmen Sie sich viel Zeit dafür, so dass Sie ruhig und völlig entspannt gehen können.

Gerade solche erschwerten Bedingungen stellen im Leben eine gute Möglichkeit dar, seine eigenen Fähigkeiten zu entwickeln.

Sehen Sie es doch positiv: Einen preiswerteren Tai-Chi-Lehrer, der Ihnen bewusstes Gehen so gut beibringt wie Glatteis oder Schmierseife unter Ihren Füßen, bekommen Sie nie wieder. Wenn Sie wirklich bewusst und achtsam gehen, nicht völlig unsportlich oder schon im hohen Rentenalter sind, wird Ihnen dabei nichts passieren.

MEDITATION IM ALLTAG 75

*Wenn ich gehe,
gehe ich.
Einfach nur gehen.*

Der Spaziergang als Gehmeditation

Erinnern Sie sich noch an den bei der Gehmeditation beschriebenen »Windatem« aus der Qi-Gong-Tradition (Seite 55)? Es gibt wohl kaum eine Möglichkeit, leichter etwas für seine Gesundheit zu tun, als in einem Schritt-Atem-Rhythmus spazieren zu gehen. An diesem Beispiel lässt sich nochmals der kleine und doch so wesentliche Unterschied zwischen Meditation und Alltagsnormalität erkennen: Durch die bewusste Koordination von Atemrhythmus und Schrittanzahl wird die Bewusstheit in die Aktion eingebunden. Wir wissen, dass das Spazierengehen an sich schon die Gesundheit positiv beeinflusst.

Aus dem rein technischen Ablauf ergeben sich allerdings nur etwa 10 Prozent der Wirkung. Die restlichen 90 Prozent resultieren aus der Bewusstseinspräsenz während des Gehens.

Meditation meint nur: Tu alles, was du tust, ganz, mit konzentrierter Wahrnehmung all dessen, was dabei geschieht. Schweife nicht in Gedanken dabei ab, verliere keine Energie durch Zerstreutheit, sondern bündle sie auf das Geschehen!

Je selbstverständlicher es für Sie wird, den Atem während des Gehens zu spüren, desto mehr können Sie sich im Laufe der Zeit von dem Mitzählen der Schritte lösen und ganz einfach im natürlichen Atem gehen. Das konzentrierte Koordinieren von Atem und Schritten hat nur die Aufgabe, den Geist am Abschweifen zu hindern.

MEDITATION IM ALLTAG

Meditatives Bergwandern

Die Technik des »Windatems« (siehe Seite 55) leistet uns gute Dienste beim Bergwandern.
Lassen Sie sich einmal davon überraschen, wie ausgeruht und fit Sie den Gipfel erreichen, wenn Sie beim Aufstieg »mit dem Atem gehen«.
Je nach Steilheit des Geländes werden Sie bei derart bewusstem Gehen wie bei der Gangschaltung eines Mountain-Bikes die »Gänge« herauf- bzw. herunterschalten, also in sehr steilem Gelände vielleicht nur einen Schritt pro Atemzug als »kleinen Gang« wählen oder bei weniger steilem Weg zwei oder drei Schritte pro Atemzug.
Lachen Sie nicht über diese vermeintlich so banalen Anweisungen. Ich habe in meinen Tai-Chi-, Qi-Gong- und Bergwanderseminaren oft genug routinierte Bergsteiger kennen gelernt, die noch nie wirklich mit ihrem Atem gegangen sind, sondern ihm – bei genauer Betrachtung – immer »davon gelaufen sind«. (Das bedeutet, schneller zu gehen, als der Organismus es von seiner Sauerstoffversorgung her möchte.)
Wenn Sie diese Methode über eine längere Wegstrecke praktizieren, kann es sogar geschehen, dass Sie sich von der Anreicherung der Atemenergie im Organismus wie »beschwippst« fühlen. Die erhöhte Sensibilität lässt die Atemluft dann kühlend wie »Mentholfrische« in die Stirnhöhle strömen und es kann sogar nötig sein, das Gehen für eine Zeit lang zu unterbrechen, wenn das Gefühl zu intensiv wird.
Probieren Sie es aus: Sie werden erstaunt sein, wie frisch und erholt Sie am Gipfel ankommen. Sie werden den Unterschied zwischen dem »normalen«, »unbewussten« Bergwandern und dem meditativen Wandern bestimmt spüren.

Die Radfahrmeditation

Auch hier müssen Sie einen kleinen Trick anwenden, um den ewig flüchtigen Geist in den Bewegungsablauf bewusst einzubinden.
Etwa, indem Sie sich darauf konzentrieren, wirklich rund in die Pedale zu treten und dabei einen Rhythmus zu wählen, der harmonisch zu Ihrem Atem passt. Sie sollen also nicht einfach nur auf und ab treten, sondern mit den Füßen einen exakten Kreis beschreiben.
Eine andere Möglichkeit ist, nicht nur eine Druckbewegung nach unten auszuführen, sondern sich auf das Anheben der Beine zu konzentrieren. Wenn es möglich ist den Schuh am Pedal zu fixieren, können Sie die Aufmerksamkeit auf das Nach-oben-Ziehen richten.
Das tägliche Meditationssoll ist schon erfüllt, falls Sie es schaffen Ihr Bewusstsein kontinuierlich für einen Zeitraum von mindestens 15 Minuten darauf zu konzentrieren. Selbstverständlich eignet sich dieses Meditationstraining nicht für Fahrstrecken, bei denen Sie sich auf ständige Außenreize einstellen müssen wie etwa im Stadtverkehr. Wählen Sie lieber eine Strecke aus, auf der Sie für längere Zeit relativ ungestört »vor sich hin« fahren können.
Erst dann, wenn Sie sich wie selbstverständlich an dieses Bei-sich-Sein während des Radfahrens gewöhnt haben, wird es sinnvoll, sich damit in komplexere Verkehrssituationen zu begeben.
Vielleicht können Sie ja sogar den täglichen Weg zur Arbeit in dieser »Meditationsform« wählen.

Je »normaler«, je alltäglicher die Übungsformen sind, desto größer ist die Gefahr in lieblose Routine abzugleiten und die Dinge »nebenher« auszuführen. Dann schafft man sich nur ein Alibi und meint, man hätte schon sein Meditationspensum erledigt. Aber nur die Zeit zählt, die Sie wirklich achtsam und bewusst dabei waren.

Arbeit und Meditation

Bügeln als Weg in die Mitte des Seins

Alltagsarbeiten haben im Meditationstraining eine lange Tradition, ja, es wird sogar häufiger von spirituellen Durchbruchserlebnissen während der Arbeitsmeditation (japanisch: »samu«) berichtet, als von solchen zu Zeiten streng ritualisierter Meditation. Das mag daran liegen, dass die Erwartungshaltung an Erfolge durch das Meditieren beim Arbeiten geringer, und dadurch das Kriterium der Absichtslosigkeit besser erfüllt ist.

Es sind sehr viele Varianten der Arbeitsmeditation denkbar:
- Gartenarbeit (im Rhythmus des bewussten Atems),
- Haus- und Küchenarbeiten,
- Bürotätigkeiten.

Dass Meditation unser ganzes Leben umfassen kann, wird auch anhand der folgenden Buchtitel deutlich: »Zen (= japanisch: Meditation) und die Kunst ein Motorrad zu warten«, »Zen in der Kunst des Sehens«, »Zen in der Kunst des Zuhörens«, »Zen in der Kunst des Schreibens« und dem Klassiker und Longseller von Prof. Eugen Herrigel: »Zen in der Kunst des Bogenschießens«.

Anfangs eignen sich besonders einfache, fast monotone Bewegungsabläufe zur Arbeitsmeditation am besten:
- Straße fegen,
- Staub saugen,
- Boden putzen.

Von dem berühmten Zen-Philosophen und Zen-Meister Prof. Suzuki stammt der Ausspruch: »Zen (= Meditation) beginnt mit dem Boden putzen und Zen endet mit dem Boden putzen. Und das Wichtigste dabei: Du musst ihn selbst putzen.«

Völlige, achtsame Präsenz in der wiederkehrenden Bewegung lassen diese im Laufe der Zeit wie in Trance ablaufen, etwa mit dem Gefühl: Es putzt den Boden (durch mich). Die Bewegung geschieht mir und ich lasse sie geschehen und werde zum Zeugen dessen, was geschieht.

Häufiges Üben in dieser Weise lässt nach und nach ein Gefühl »schlafwandlerischer Sicherheit« bei gleichzeitiger Perfektion der Durchführung entstehen, welches der Seele sehr gut tut.

Wir nähern uns so der Essenz der Meditation: Tu, was auch immer du tust, ganz und liebevoll, und du wirst daraus Glück erfahren.

Bügeln

Auch das Hin- und Hergleiten des Bügeleisens, das mit dem Atemrhythmus fließend wie eine Tai-Chi-Übung durchgeführt wird, kann in entspannende offene Trancezustände hineinführen.

Malerarbeiten

Auch dieser Bewegungsablauf eignet sich sehr gut für das Meditieren. Viele kennen die Szene aus dem Film »Karate Kid«, bei der der alte Meister den Jungen anhält, den Zaun zu streichen, um ihn für die Kampfkunst vorzubereiten.

Wir können hier, ähnlich der Bewegung beim Bügeln, einen rhythmisch wiederkehrenden Bewegungsablauf erkennen, der – mit dem Atemrhythmus verbunden – im Laufe der Zeit in den zuvor geschilderten Zustand offener Trance führt. Das ist ein Zustand, in dem sich die Seele optimal regenerieren kann.

Neben dem nicht zu unterschätzenden Muskeltraining führt die monoton wiederkehrende Übung im entspannten, präsenten Geist in die Mitte.

Die Wirkung von Musik

Ähnliches geschieht in der Meditationsmusik, wenn man durch einfache, geradezu minimalistische wiederkehrende Melodien versucht, die Seele wie im Wiegenlied der Mutter in die Entspannung zu geleiten. Diese Effekt des »Einlullens« fördert die für die Meditation so wichtige Entspannung. Um die Wachheit (den männlichen Yang-Gegenpol) muss man sich bei Bewegungsmeditationen weniger sorgen.

Teetrinken

Eine sehr schöne Form der »Arbeits«-Meditation ist das bewusste Zubereiten und Trinken einer Tasse Tee. Auch wenn Sie nicht die über 30 fest vorgeschriebenen Handlungen der klassischen Teezeremonie Cha-Do

durchführen, sondern ein nach Ihrem persönlichen Geschmack vereinfachtes Ritual benutzen, werden Sie schnell die beruhigende und zentrierende Wirkung achtsamen, sorgfältigen, liebevollen und vor allem bewussten Handelns erleben.

Sport und Meditation

Im Folgenden möchte ich einige Sportarten aufführen, die sich klassisch für ein Meditationstraining eignen.

Bogenschießen

Sowohl in der ritualisierten klassischen, japanischen Form (Kyudo) als auch in unserer Form der Sportbogenschützen eignet sich diese Sportart zur Meditation. Die fokussierte Konzentration auf die Zielscheibe, das richtige Timing zum Atmen, der Wechsel von Anspannung (Yang) und Entspannung, Lösung (Yin) prädestiniert diesen Sport zur meditativen Übung.

Wie bei allen anderen Beispielen ist es wichtig, sich daran zu erinnern, dass vor allem das Wie darüber entscheidet, ob es sich um bloßen Sport (maximal 20 Prozent der Wirkungen von Meditation, auch bei sehr geeigneten Sportarten) oder um wirkliche Meditation handelt (zusätzliche 80 Prozent der Wirkung). Bogenschießen und alle anderen genannten Sportarten alleine (die bloße Technik) haben nichts mit Meditation zu tun, wenn die ab Seite 11 geschilderten Kriterien bei der Durchführung fehlen.

Golf

Dieser klassische Zen-Sport des Westens ist eine wunderbare Möglichkeit zu lernen, aus der Mitte heraus zu handeln und die richtige Mischung von Wollen (yang) und Lassen (yin) zu finden. Fast möchte ich Golf als den westlichen Weg im Vergleich zu der japanischen Kunst des Bogenschießens sehen. Wie in kaum einer anderen Sportart kann man beim Golfspiel das für die Meditation so wichtige Spannungsfeld von zielgerichtetem Willen und entspannter Absichtslosigkeit beim Schwung ausloten. Zu viel zu wollen führt zur Verkrampfung, zu wenig vermin-

dert die Konzentration. Beide Abweichungen von der Mitte sind unmittelbar im Ergebnis des Schlages ablesbar. Den Geist »auszuleeren«, frei zu machen von dem Ehrgeiz oder der Angst des Versagens sind unabdingbare Voraussetzungen für einen Golfschlag, der »aus der Mitte« kommt.
Wer Golf als Promitreff sieht, wird an den wunderbaren Möglichkeiten dieses Sports, seine Persönlichkeit zu schulen, vorbeigehen.

Tennis

Dieser Sport ist besonders dann eine Chance zur Bewegungsmeditation, wenn er aus Freude an der Bewegung und ohne die Punkte zu zählen gespielt wird (Absichtslosigkeit).
Ähnlich wie beim Golf sollte auf den runden Bewegungsfluss einer »schönen« Vor- oder Rückhand, die aus dem Atem heraus geschlagen wird und »aus dem Bauch kommt«, geachtet werden (aus dem bewussten Atem handeln). Der häufige Ratschlag von Trainern für Anfänger, beim Aufkommen des Balles am Boden »tipp« zu denken und beim Schlag auf den Ball »topp«, hilft dem Geist sich auf das zu konzentrieren, was gerade stattfindet (präsent im Hier und Jetzt).

Angeln

Angeln richtig verstanden ist eine schöne Möglichkeit zur Meditation. Die meist idyllische Naturumgebung unterstützt dabei. Der Blick ist konzentriert auf den Schwimmer gerichtet wie bei der Tratak-Meditation auf die Flamme. Daneben bleiben der Atem und die feinen durch ihn im Körper ablaufenden Empfindungen (Heben und Senken von Bauchdecke und Brustkorb, leises Fächeln der Atemluft an der Nasenspitze) über einen möglichst langen Zeitraum kontinuierlich bewusst.

Skilanglauf

Das Skilanglaufen eignet sich vom Bewegungsrhythmus her gesehen sehr gut dazu, das bewusste Atmen mit der Bewegung harmonisch zu verbinden. Dies gilt nur für die klassische Bewegungsform des Langlaufs. Im modernen Skatingstil sollten Sie nur laufen, wenn Sie Langlauf als Leistungssport betreiben und eine sehr gute Kondition haben, sonst ist es für eine Bewegungsmeditation zu anstrengend.
Wie bei der Gehmeditation im Qi Gong, dem berühmten »Windatem«, gilt es, Atemtakt und Bewegungsfluss so aufeinander abzustimmen, dass Sie in einem reichen Sauerstoffangebot laufen. Je nach Gelände könnte das folgender Rhythmus sein: Zwei Schritte einatmen, zwei Schritte ausatmen, bei ansteigendem Gelände ein Schritt, bei leicht abfallendem Gelände etwa drei Schritte pro Atemzug. Der Rhythmus hängt von Ihrer individuellen Kondition ab und kann daher nur ein Anhaltswert sein.

Weitere Möglichkeiten

Es ließen sich noch unendlich viele Beispiele aus dem Sport- und Freizeitbereich aufzählen. Wählen Sie Aktivitäten aus Ihrem persönlichen Tagesablauf aus und bauen Sie sich kleine wiederkehrende Rituale in sie ein, die Sie an die Chance zur Meditation erinnern.
So gibt es keinen Grund mehr, für die Meditation keine Zeit zu haben.
Die Regelmäßigkeit des Übens wird Ihnen die reiche Palette der Segnungen durch die Meditation schenken: Ruhe, Frieden, Angstlosigkeit, Kreativität, Urvertrauen, Selbstbewusstsein und vieles mehr.

Ich wünsche Ihnen von Herzen viel Freude und Erfolg beim Üben!

Anhang

Meditationen auf der CD

So können Sie die CD verwenden!
Denken Sie an die Möglichkeit, die auf der CD gespeicherten Meditationen durch entsprechende Programmierung Ihres Abspielgerätes (Einzeltitelschaltung) jeweils gesondert abzuspielen.
Wenn Sie zum Beispiel die Meditation im Stehen machen möchten, programmieren Sie nur Titel 1, so dass nur diese Meditation abgespielt wird und Sie danach in Stille weiterstehen können, so lange Sie wollen.
Auch die Meditation im Sitzen sollte isoliert programmiert werden, so dass Sie sie beliebig verlängern können, auch wenn das Abspielgerät bereits ausgeschaltet ist.
Bei der Meditation im Liegen können Sie entweder Titel 3 alleine programmieren und beliebig lange danach in Stille liegen bleibend weitermeditieren oder die Programmierung so durchführen, dass Titel 3 und 4 hintereinander laufen, wenn die Führung in die »Heilenden Farben« gewünscht wird.

Sitzmeditation, Nr. 1 auf der CD
Setzen Sie sich dazu – den Kontakt Ihrer Fußsohlen mit dem Boden wahrnehmend – so auf einen Stuhl, dass die Wirbelsäule frei schwingen kann: entweder nur auf die vordere Kante der Sitzfläche oder durch ein kleines Keilkissen so nach hinten abgestützt, dass die Wirbelsäule im unteren Bereich ohne Anstrengung aufrecht bleibt. Im Zweifel wäre es besser ein leichtes Hohlkreuz entstehen zu lassen, als in einen Rundrücken zu fallen. Am besten aber: ganz gerade.

Legen Sie die Hände völlig entspannt in den Schoß, die Handflächen nach oben, den linken Handrücken in die rechte Handfläche, die Daumenkuppen sich sensibel berührend. Ein zärtliches Empfinden, als spürten Sie die Hände wie Blütenblätter, die ineinander liegen.

Jetzt schließen Sie die Augen und stellen sich vor, dass Sie ein Faden am Scheitel mit dem Einatem leicht wie eine Feder zum Himmel zieht, die Wirbelsäule aufrichtend, und Sie sich mit dem Ausatmen ruhig und entspannt in der gewonnenen Position absetzen können, zur Ruhe kommend. Der nächste Einatem mag Sie vielleicht noch ein wenig mehr in die Senkrechte tragen und die Ausatmung in Gelassenheit entspannen.
Zwei bis drei weitere bewusste, sanfte und tiefe Atemzüge leiten die Meditation ein.

So entsteht das angenehme Gefühl, loslassen zu können von all den Themen des Tages, von all dem, was Sie bisher noch beschäftigt.

Es tut gut, den Körper ganz der Unterlage anvertrauen zu können, sich tragen zu lassen und es zu genießen, getragen zu werden, ausruhen zu können, sich um nichts

kümmern zu müssen, einfach geschehen zu lassen, was von selbst geschieht und sich von all den Geräuschen in der Umgebung in die Ruhe geleiten zu lassen. Nebengeräuschen vielleicht, der Musik im Hintergrund und meiner Stimme. Alles das kann Sie in die Ruhe begleiten.

Eine Ruhe, in der es möglich wird, den eigenen Atem zu spüren und all die kleinen Bewegungen wahrzunehmen, die er durch sein Kommen und Gehen im Körper auslöst:

- Das sanfte Auf und Ab der Bauchdecke – wie Ebbe und Flut.
- Die leise Dehnung des Brustkorbs.
- Den zarten Windhauch an der Nasenspitze, als bewegte der Atem da eine imaginäre Flaumfeder kaum sichtbar hin und her.
- Die Zungenspitze liegt am oberen Gaumen – wichtige Energiekreisläufe schließend.

So, völlig entspannt sitzen Sie ruhig und klar wie ein heiliger Berg, in der Basis fest gegründet, den Kopf wie den Gipfel ins Firmament ragend.

Wenn Gedanken kommen, lassen Sie sie ganz einfach kommen und vorüberziehen wie Wolken am Himmel. Was kümmert's den Berg! Sie sitzen ganz einfach – absichtslos.

Wie unter frisch aufblühenden Obstbäumen im Frühling in der Morgenfrische. Unter einem Meer von Apfelblüten, Kirschblüten, Mandelblüten – Frühlingsluft atmend.

So kann Raum entstehen zwischen den Augenbrauen, die Stirn frei und weit werden wie ein wolkenloser Himmel und sich nach und nach aus der wachsenden Ruhe ein völlig entspanntes, seliges Lächeln in den Augen und um die Lippen entwickeln.

Und Sie schenken dieses Lächeln Ihrem Herzen, indem Sie ganz einfach Herz denken und Lächeln denken, Ihrem Herzen zulächeln, es anlächeln.
So kann die einzigartige Energie, die im Lächeln liegt, zum Herzen hinfließen, die Freiheit, Offenheit und Weite des Lächelns, die tiefgründige Weisheit des Lächelns, um die verborgenen Zusammenhänge des Lebens ahnungsvoll wissend und das liebevolle Aufmuntern des Lächelns, ohne in irgendeiner Weise zu drängen.

Das Herz kann baden in diesem Lächeln, wie in einem warmen Wannenbad voll duftender Heilkräuter, kann stille Freude empfinden, bis Sie sich vorstellen können, dass es selbst zu lächeln beginnt, auf seine eigene herzliche Art und Weise und dieses warmherzige Lächeln den Lungen schenkt, die es aufatmend einatmen.

Die Lungen atmen Lächeln, bis auch sie durch und durch erfüllt sind von dessen heilsamer Energie und sie mit dem Ausatem an alle anderen Organe weiterfließen lassen. Bis in fernste Winkel und Zellen des Organismus, bis in Haut und Haar, ja bis in Mark und Bein, so ist alles durchflutet von der Energie des Lächelns.
Körper, Seele und Geist baden völlig entspannt in einer Aura des Lächelns.
Angenehmes Gefühl, nichts zu müssen, nichts zu sollen, nicht einmal etwas zu wollen.
Einfach nur da sein dürfen, ein Wesen in sich selbst versinkend – mit jedem Atemzug der eigenen Mitte näher kommend.

Zu sich finden – heimkehren – ins Zentrum allen Seins, während der Atem ruhig fließt.

Dann bleiben Sie auch weiterhin mit Ihrer Bewusstheit ganz beim Atem, spüren die sanfte Dünung Ihrer Bauchdecke und den leisen Windhauch an der Nasenspitze.
Und während Sie Ihre Wahrnehmung darauf gerichtet halten, gestatten Sie Ihren Augen, sich einen Spalt breit nur zu öffnen, legen den Blick schräg nach unten gerichtet – ruhig, wie im Nichts vor sich ab – nach außen, wie nach innen schauend – selbstvergessen und doch ganz präsent – nehmen so das Außen mit in die Ruhe hinein.

Bis Sie schließlich Ihrem Blick gestatten, umherzuschweifen und sich im Raum zu orientieren, indem Sie irgend etwas fest anschauen.

Stehmeditation, Nr. 2 auf der CD

Die Fußhaltung bei der Stehmeditation ist ein sicherer schulterbreiter Stand mit parallel stehenden Füßen. Denken Sie auch daran, die Knie immer leicht gebeugt zu halten, selbst wenn das anfangs für die Oberschenkelmuskulatur etwas anstrengend sein mag. Das trägt zu der richtigen Haltung der Wirbelsäule im Lendenbereich bei.

Nehmen Sie jetzt diesen schulterbreiten Stand ein und spüren dabei die Fußsohlen in sattem Kontakt zum Boden. Verteilen Sie das Gewicht auf den Fußsohlen so, dass es weder zu weit nach vorne zu den Zehenballen, noch zu sehr zur Ferse hin, sondern exakt auf der Mitte der Fußsohle ruht.
Zum Himmel hin hält Sie ein imaginärer Faden am Scheitel, so dass Sie – in den Knien etwas nachgebend – das Becken nach unten hin locker aushängen lassen können wie eine Glocke an der Aufhängung oder wie ein Senkblei am Faden, welches die Wirbelsäule förmlich nach unten in die Länge dehnt.

Stellen Sie sich vor, völlig entspannt wie in einem warmen Thermalpool im Wasser zu hängen, vom Auftrieb des Wassers gehalten oder wie eine Lotosblume, den Kopf wie die Blüte auf dem Blatt über Wasser schwimmend, den restlichen Körper wie die Wurzel des Lotos völlig entspannt unter Wasser.

Dann lassen Sie die Arme »aufschwimmen« in eine Haltung, als umarmten Sie einen kräftigen Baumstamm. Völlig entspannt bis in die Fingerspitzen. Sie können dabei die Hände auf Höhe des unteren Dantien (etwas unterhalb des Bauchnabels), des mittleren Dantien

(etwa auf Solarplexushöhe) oder des oberen Dantien (in Höhe des dritten Auges) halten, je nachdem, welche Position Ihnen heute am angenehmsten ist.
Lassen Sie ein leises Lächeln in den Augen und um die leicht geöffneten Lippen entstehen und versetzen Sie sich gedanklich an einen Ort in der Natur, wo Sie sich sehr wohl fühlen. Hoch droben auf grünen Almen mit weitem Blick über Berge und Täler in reine Gebirgsluft – oder auf eine sonnendurchflutete Waldlichtung nahe einer Heilquelle im sauerstoffreichen Wald – oder an den weiten Meeresstrand – türkisklares Wasser – leise salzhaltige Meeresbrise und dem Blick auf die Unendlichkeit des Ozeans.
Die Zungenspitze berührt den Gaumen. Die Stirn ist weit und frei wie ein wolkenloser Himmel.
Dann lenken Sie Ihr Bewusstsein zu den Schultergelenken hin und denken ganz einfach: »Öffnen«. Ohne jedes Wollen, ohne irgendetwas zu erwarten! Einfach nur »Öffnen« denken. Spüren zu den Ellenbogen hin und denken: »Öffnen«, spüren zu den Hand- und Fingergelenken hin und lassen sie in Gedanken sich öffen wie Blütenknospen in der Sonne und so ganz durchlässig werden.
Sie spüren, wie das Becken nach unten hin weich aushängt, lauschen in die Hüftgelenke hinein und denken »Öffnen«, gehen mit Ihrer Bewusstheit in die Kniegelenke, denken einfach nur: »Öffnen« und lassen in Gedanken auch die Fuß- und Zehengelenke aufgehen und durchlässig werden.
So – in völliger Entspannung stehend – spüren Sie die sanfte Dünung der Bauchdecke beim Kommen und Gehen des Atems und verweilen hier in völliger Konzentration.

Sie schweben gleichsam wie ein 20 Meter langer Riesentang im dunkelblauen Meer – vom Auftrieb gehalten – die Strahlenfinger der Sonne im nächtlichen Blau, silberne Fischschwärme ziehen ruhig vorbei, die sanfte Dünung Ihres Atems bewegt Sie unmerklich.
Der Blick ist weich ins Unendliche gerichtet, nimmt alles und nichts wahr.

Die Ohren hören alle Geräusche ringsumher oder auch die tiefe Stille.
So stehen Sie wie ein Kind, das zum ersten Mal das Wunder des Stehens staunend erlebt, wie ein Greis, der – ein letztes Mal stehend – im Abschied den Wert des Stehens erkennt, stehen wie ein tausendjähriger Baum.

Einfach nur stehen.
Bleiben Sie mit Konzentration auf die entspannt aushängende Wirbelsäule und den ruhig fließenden Atem so lange in dieser Haltung, wie es Ihnen ohne Überanstrengung möglich ist und lassen Sie die Meditation dann langsam ausklingen, indem Sie die Hände ruhig nach unten sinken und die Spannung abtropfen lassen und sich behutsam bewegen.

Meditation im Liegen, Nr. 3 auf der CD
Liegen in Stille, Yogaschlaf

Machen Sie es sich auf dem Rücken liegend ganz bequem, die Beine nebeneinander, die Hände neben dem Körper, den Kopf möglichst flach auf einem dünnen Kissen und schließen Sie die Augen.
Sie können loslassen von all den Themen des Tages, von all dem, was Sie bisher noch beschäftigt, den Körper der Liege ganz einfach anvertrauen und spüren, wie es sich anfühlt, getragen zu werden.
Können all die Geräusche wahrnehmen, rings umher, die Musik im Hintergrund und meine Stimme, und sich von all dem in die Ruhe geleiten lassen.
Eine Ruhe, in der es möglich wird das Kommen und Gehen des eigenen Atems wahrzunehmen, und all die kleinen Bewegungen, die er im Körper auslöst: Das leise Heben und Senken der Bauchdecke, wie Ebbe und Flut. Die sanfte Dehnung des Brustkorbs, den feinen Windhauch des Atems an der Nasenspitze, als bewegte er dort eine imaginäre Flaumfeder kaum sichtbar hin und her.
So wird es vielleicht sogar möglich, all die kleinen Veränderungen zu spüren, die im Körper ablaufen, während er so in Entspannung geht: Ein leises Kribbeln vielleicht,

kaum spürbar, vielleicht nur vorstellbar, in den Beinen, den Armen oder sonst irgendwo, überall dort, wo übererregte Nervenzellen jetzt die Chance nutzen, Anspannung abzugeben, sich zu erden, zu entspannen, die Muskeln sich dadurch lösen und lockern und die Blutgefäße sich weiten können, so dass vermehrt warmes, lebendiges Blut im Körper zirkulieren kann, ihn wärmen kann, mit allem Nötigen versorgen – während der Atem ruhig fließt.

So kann all das Außen immer unwichtiger werden, gleichgültiger, so unwichtig, so gleichgültig, dass es immer leichter fällt, das Bewusstsein nach Innen zu lenken, in sich hineinzulauschen und zu spüren, wie die Ruhe da aufzusteigen beginnt. Eine Ruhe, die ganz von selbst mit jedem Atemzug größer, vollkommener werden kann, Sie einhüllen kann wie ein warmer Mantel, in dem Sie sich geborgen fühlen.

Eine Ruhe, in der es kein Müssen gibt, kein Sollen, ja nicht einmal ein Wollen, in der Sie ganz einfach da sein dürfen, ein Wesen, in sich selbst versinkend, mit jedem Atemzug der eigenen Mitte näher kommend.

Eine Ruhe, in die Sie gleiten, sinken können wie ein voll Wasser gesogenes Stück Holz, das im Meer in die Tiefe sinkt, von der Dünung sanft gewiegt, mit jeder Wiegebewegung tiefer und immer tiefer.

Fast ein wenig so, als könnten Sie spüren, wie es sich anfühlt, wenn das Wasser so am Körper entlangstreicht, wie die Haare in der Dünung wehen, als könnten Sie spüren, wie es sich anfühlt, vom Kommen und Gehen der Dünung wie vom Kommen und Gehen des eigenen Atems gewiegt in die Ruhe zu gleiten.

Denn während Sie immer tiefer in die Ruhe gleiten, kann auch Ihr Bewusstsein immer größer, weiter und tiefer werden. Und während Ihr Bewusstsein immer größer, weiter und tiefer werden kann, fällt es auch immer leichter, sich der Ruhe hinzugeben, sich an der Stille zu stillen.

Mag sein, dass es aus der wachsenden Ruhe heraus möglich wird, ein leises, kaum merkliches, völlig entspanntes Lächeln auf den Lippen entstehen zu lassen. Und die Lippen lächeln den Augen zu.

Und es tut den Augen so unendlich gut, angelächelt zu werden, dass auch sie nach und nach zu lächeln beginnen. So kann Raum entstehen zwischen den Augenbrauen, die Stirn kann frei und weit werden, wie ein wolkenloser Himmel, und sich in den Augen ein gelöstes, erlöstes, ja seliges Lächeln entwickeln, ein Lächeln wie Buddha es erlebt haben mag – unterm Bodhi-Baum sitzend – im Augenblick der Befreiung vom Leid der Welt. Und die Augen schenken dieses Lächeln dem Herzen, indem Sie ganz einfach Herz denken und Lächeln denken, dem Herzen zulächeln, es anlächeln. So kann die einzigartige Energie, die im Lächeln liegt, zum Herzen hin fließen, die Freiheit, Offenheit und Weite des Lächelns, die tiefgründige Weisheit des Lächelns, um die verborgenen Zusammenhänge des Lebens ahnungsvoll wissend, und das liebevolle Aufmuntern des Lächelns, ohne in irgendeiner Weise zu drängen.

Das Herz kann baden in diesem Lächeln wie in einem warmen Wannenbad voll duftender Heilkräuter, kann stille Freude empfinden und nach und nach auf seine eigene herzliche Art und Weise selbst zu lächeln beginnen. Wunderbares Gefühl, ein lächelndes Herz zu haben, sich ganz hineindenken, spüren zu können, wie es sich anfühlt, ein lächelndes Herz zu haben, ein Herz, das sein warmherziges Lächeln den Lungen schenkt, die es aufatmend einatmen, sich an ihm stillen, laben, bis auch sie durch und durch erfüllt sind von der heilsamen Energie des Lächelns und sie mit der Ausatmung an alle anderen Organe weiter fließen lassen. Mit jedem Atemzug aufs Neue. Lächeln einatmen, Lächeln mit dem Ausatmen durch den ganzen Organismus strömen lassen, bis in fernste Winkel und Zellen, bis in Haut und Haar, ja bis in Mark und Bein. So wird alles durchflutet von der Energie des Lächelns, kann sich erholen und regenerieren. Alle Zellen, als hätten sie Nasen und Münder, können diese Energie riechen, schmecken, trinken, wie Schwämme in warmes Wasser getaucht, sich an ihr voll saugen, rund und elastisch werden.

So kann es wie von selbst geschehen, dass der Körper weich wird wie Wasser, der Geist unendlich frei und weit, wie im Schöpfungsmythos über den Wassern schwe-

bend: »Und der Geist schwebte über den Wassern«, mit dem Körper verbunden durch die atmende Seele. Körper, Seele und Geist baden völlig entspannt in einer Aura des Lächelns.
So ganz einfach daliegen – voll bewusst – und geschehen lassen, was von selbst geschieht. Denn alles, was von selbst geschieht ist gut und willkommen, und was nicht von selbst geschieht, ist ebenso gut.

Meditation im Liegen, Nr. 4 auf der CD Geführte Meditation, »Heilende Farben«

Und während Sie so immer tiefer in die Ruhe gleiten, wird es möglich eine Reise in den Körper anzutreten, ohne dabei anatomische Kenntnisse zu brauchen. Sie können sich ganz einfach in den Körper hineinspüren und in Gedanken hinreisen zu einem Bereich oder Organ, von dem Sie wissen oder fühlen, dass es ihm in der letzten Zeit vielleicht nicht so gut ging, das der Heilung bedarf, weil es die Farbe verloren hat, die es für seine optimale Funktion braucht. Denn jedes Organ hat eine ganz spezifische energetische Färbung, die ihm seine Vitalität und Kraft verleiht.

Sie können sich viel Zeit und Ruhe nehmen in sich hineinzuspüren zu dem Organ oder Körperbereich und aus der wachsenden Intuition immer deutlicher wahrnehmen, welche Farbe es ist, die das Organ braucht. Diese Farbe wird nach und nach, jetzt schon oder gleich, bis in die feinste Schattierung in Ihrer Vorstellung entstehen, kann immer deutlicher und klarer werden.

Und so können Sie auch wahrnehmen, wie sich diese Farbe heilend und nährend um das Organ legt, es ganz und gar einhüllt. Sie brauchen gar nichts zu tun, können einfach Zeuge sein, wie das Organ jetzt beginnt, diese heilende Farbe in sich aufzunehmen, sich an ihr zu stillen und zu laben. So wie ein Schwamm in warmes Wasser getaucht, sich voll saugen kann, rund und elastisch werden, so kann sich das Organ jetzt mit der heilenden Energie der Farbe durchtränken und so viel von ihr aufnehmen, wie es für die Gesundung braucht.

Vielleicht können Sie jetzt schon oder bald spüren, wie gut es dem Organ tut, sich so zu regenerieren und Kraft zu schöpfen und ihm dafür viel Zeit geben. Denn Gesundheit will organisch wachsen.

Schauen Sie ganz einfach zu, wie die heilende Farbe das Organ durchtränkt, Harmonie und Frieden in ihm entstehen lässt und schenken Sie ihm dabei ein liebevolles Lächeln. Ermunternd, aufbauend.

Es tut gut zu spüren, wie mühelos Heilung geschehen kann, einfach so, in völliger Entspannung, in der Aura des Lächelns badend.

Ganz einfach bewusst verweilen, bis Sie spüren, dass das Organ sich für heute genug von seiner Farbe genommen hat und als Zeichen dafür die Farbe zu verblassen beginnt.

Sie können nun den Bildern und Eindrücken nach und nach die Möglichkeit geben, sich zu setzen und damit zu klären, können wieder auftauchen aus dem Meer des Unterbewussten, wie von perlenden Luftblasen an die Oberfläche getragen und Ihr Bewusstsein wieder ganz auf die Tatsache hinlenken, da zu liegen, können das Kommen und Gehen Ihres Atems wahrnehmen, Ihr Körpergewicht auf der Liege und aus der Ruhe heraus den richtigen Zeitpunkt finden, um all das zu tun, was Ihnen jetzt gut tut und Sie ganz ins Hier und Jetzt holt, sei es die Hände aneinander zu reiben, sich den Schlaf aus den Augen zu wischen, sich zu strecken oder zu dehnen oder was auch immer sich jetzt am besten anfühlt.

Tilopas Gesang
vom Mahamudra

»Mahamudra ist jenseits aller Worte und Symbole –
Aber dir, Naropa, aufrichtig und treu, sei dennoch so viel gesagt:
Die Leere braucht keine Stützen,
Mahamudra ruht auf Nichts.
Ohne jede Anstrengung,
Einfach nur, indem du gelöst und natürlich bleibst,
Kannst du das Joch zerbrechen – und Befreiung erlangen.
Wenn du vor dir im Raume nichts mehr siehst,
Und dann mit deinem eigenen Geist den eigenen Geist betrachtest,
Verschwinden alle Unterscheidungen,
Und du gelangst zur Buddhaschaft.
Die Wolken wandern durch den Himmel, Sie haben weder Wurzeln noch Heimat; wie Wolken sind die einzelnen Gedanken, die deinen Geist durchziehen.
Sobald der Geist sich selbst erkannt hat,
Hört jede Unterscheidung auf.
Formen und Farben bilden sich im Raum,
Aber weder Schwarz noch Weiß
Hinterlassen in ihm Spuren.
Aus diesem Geist des Geistes entstehen alle Dinge.
Weder Tugend noch Laster beflecken ihn.

Die Finsternis von Jahrtausenden
Kann nichts gegen die glühende Sonne ausrichten;
Die langen Zeitalter des Samsara
Können das helle Licht des Geistes nicht verdecken.
Obwohl wir Worte brauchen, um die Leere zu erklären,
Ist doch die Leere selbst nicht sagbar.
Wir sagen zwar: ›Bewusstsein ist ein helles Licht‹,
Doch lässt es sich mit Worten und Symbolen nicht erfassen.

Bewusstsein ist in seinem Wesen leer,
Und doch umfasst und hält es alle Dinge.

Tu nichts mit dem Körper – entspanne dich nur.
Verschließe fest den Mund und sei nun still.
Entleere deinen Geist und denk an nichts.
Lass deinen Körper leicht wie einen hohlen Bambus ruhn.
Kein Geben und Nehmen: der Geist ruht.
Mahamudra ist wie ein Geist, der sich an nichts mehr klammert.
Wenn du dich darin übst, erreichst du bald die Buddhaschaft.

Kein Üben von Mantras und Paramitas,
Kein Unterricht in Sutras und Geboten,
Kein Wissen aus Schulen und Schriften,
Führt zur Erkenntnis der Eingeborenen Wahrheit.
Denn wenn der Geist nach etwas strebt,
Erfüllt von Sehnsucht nach dem Ziel,
Verhüllt er damit nur das Licht.
Wer sich an Tantrische Gebote hält und dennoch urteilt,
Begeht Verrat am Geist des Samaya.
Gib alles Tun und Wünschen auf,
Lass die Gedanken steigen und verebben,
Wie Meereswogen.
Wer die Vergänglichkeit niemals vergisst,
Noch das Prinzip der Urteilslosigkeit,
Der richtet sich nach Tantrischem Gebot.
Wer alles Sehnen aufgibt,
Sich nicht an dieses oder jenes heftet,
Erkennt den wahren Sinn der Schriften.

Im Mahamudra verbrennen all deine Sünden;
Im Mahamudra wirst du
Aus dem Gefängnis dieser Welt entlassen.
Es ist die hellste Flamme des Dharma.
Die das nicht glauben, sind Narren,

Die sich in Elend und Sorgen ewig wälzen.
Verlass dich, um zur Freiheit zu gelangen, auf die Hilfe eines Guru. Wenn dein Geist seinen Segen empfängt, ist die Befreiung nah.
Alle Dinge dieser Welt sind sinnlos und nichts als Keime neuer Leiden. Kleine Lehren predigen Taten – folge nur einer Lehre, die groß ist.
Der königliche Blick geht über alle Dualität hinaus.
Die königliche Methode überwindet alle Ablenkungen.
Der Weg der Nicht-Methode ist der Weg aller Buddhas.
Wer diesen Pfad betritt, erreicht die Buddhaschaft.
Vergänglich ist die Welt – substanzlos wie Phantome und Träume. Entsage ihr und verlass die Deinen.
Zerschneide die Bande von Lust und Hass und meditiere in Wäldern und Bergen.
Wenn du ohne Mühe gelöst und natürlich bleiben kannst, hast du das Mahamudra bald erreicht.
Und trägt den Nicht-Sieg davon.
Schlag einem Baum die Wurzeln ab, und seine Blätter welken;
Schlag deinem Geist die Wurzeln ab, und das Rad der Welt zerfällt.
Jedes beliebige Licht vertreibt in einem Augenblick
Die Dunkelheit ganzer Zeitalter.
Das starke Feuer des Geistes verbrennt mit einem Blitz
Den Schleier der Unwissenheit.
Wer sich an den Geist klammert,
Erkennt die Wahrheit nicht, die jenseits davon ist.
Wer sich bemüht, das Dharma einzuüben,
Erkennt die Wahrheit nicht, die jenseits aller Übung ist.
Wer wissen will, was jenseits von Geist und Übung ist,
Durchschlägt mit einem Mal die Wurzeln seines Geistes,
Und starrt mit nacktem Blick.
So wirst du frei von aller Unterscheidung —
Und ruhst in dir.
Man sollte weder geben noch nehmen,
Sondern natürlich bleiben – denn Mahamudra
Liegt jenseits von Hinnahme und Weigerung.
Weil alaya nicht geboren wird,
Kann niemand es hindern oder beflecken;
Wer im Ungeborenen Reich verweilt.
Dem löst sich aller Schein ins Dharmata auf.
Und Eigenwille und Stolz verschwinden im Nichts.

Die höchste Einsicht
Verlässt die Welt von Diesem und Jenem.
Das höchste Handeln
Vereinigt große Schöpferkraft mit Ungebundenheit.
Die höchste Vollendung
Erkennt das So-Sein ohne Hoffnung.
Im Anfang spürt der Yogi, wie sein Geist
Abstürzt wie ein Wasserfall;
Dann, auf halbem Wege, strömt er dahin,
Langsam und sacht wie der Ganges.
Am Ende ist er ein großes unendliches Meer,
Wo das Licht von Sohn und Mutter in eins verschmelzen.«

Literatur

In Anbetracht der Weitläufigkeit des Themas »Meditation« ist es sehr schwierig aus der Fülle der dazu existierenden Literatur Empfehlungen zu geben. Leider sind auch einige meiner Lieblingsbücher nicht mehr lieferbar. Ich möchte mich daher darauf beschränken, einige wenige Autoren zu nennen, die, unabhängig von der jeweiligen Publikation, einen bestimmten Meditationsbereich sehr sachkundig, und – für die Meditation besonders wichtig – aus langjähriger praktischer Erfahrung beschreiben. Wenn Sie zu Titeln dieser Autoren greifen, können Sie keinen Fehler machen.

- Thich Nhat Hanh
- Daisetz Taitaro Suzuki
- Alan W. Watts
- Kenneth Cohen
- David Steindl-Rast
- Rüdiger Dahlke
- Sogyal Rimpoche
- Bhagwan Shree Rajneesh
- Taisen Deshimaru Roshi
- Josephine Zöller
- Nyanatiloka
- Nyanaponika

Verwendete Literatur

Csikszentmihalyi, Mihaly: Flow – das Geheimnis des Glücks. Klett-Cotta, 2002

Dogen, Zenji: Shobogenzo. Die Schatzkammer der Erkenntnis des Wahren Dharma. Band 1 und 2. Theseus, 2001

Rimpache, Sogyal: Meditation, O.W. Barth Verlag 1997

www.aphorismen.de

Register

Absichtslosigkeit 13 f.
Achtsamkeit 11, 14
Alltag 72
Angeln 81
Anima *siehe Energie*
Arbeiten 78
Atem 21, 24, 37
Atemübungen 22 f.
– Erweckung des Atems 22
– Meisterlicher Atem 23
– Pflege des Atems 22
Augen 36 f.
Augenblick 11
Autofahren 72
Autogenes Training 14
Autotelisches Handeln 14

Bewegungsmeditation 52 ff.
Bewusstsein 10, 14
Blutdruck 24
Bogenschießen 80

CD 82
Choreographie *siehe Form*

Disziplin 16

Einfachheit 12
Einstellung 10, 12
Einswerden 16
Energie 21, 27
Entspannung 14
Erleuchtung 13, 17, 21

Fließen 14
Form 20

Geduld 18
Gehirnstrom 24
Gehmeditation 53 f., 74 ff.
– Der Schritt-Atem-Rhythmus 55
– Im Ballon fliegen 54
Geist 26
Gelassenheit 14
Gelöstheit 14
Geschwindigkeit 14
Gesundheit 27
Glück 13, 16 f.
Golf 80

Handhaltung 34 f.
– Geschlossene Handhaltung, chinesisch 35
– Geschlossene Handhaltung, japanisch 34
– Offene Handhaltung, indisch 35
Hausarbeit 78 f.
Hormone 25

Intelligenz 26

Ki *siehe Energie*
Kleidung 44
Konzentration 38

Langsamkeit 14
Lebensenergie *siehe Energie*

Lehrer 17
Liegen (Meditation im Liegen) 50 f., 84 ff.
Loslassen 15
Lotussitz *siehe Sitzmeditation*

Männlich *siehe Yang*
Mantra-Methode 39
Maß 52
Meditatives Leben 72
Mimik 19
Modalitäten 36
Mudras 34
Musik 45, 79

Nocebo *siehe Placebo*

Od(em) *siehe Energie*

Persönlichkeit 26
Placebo 18 f.
Pneuma *siehe Energie*
Prana *siehe Energie*
Präsenz 11 f.
Psyche 25

Qi *siehe Energie*
Qi Gong 58
– An den Seidenfäden ziehen 64
– Der Kranich breitet seine Schwingen aus 60 f.
– Kranichgang 62 f.

– Regulation des Qi 58 f.
– Wolkenhände 65
Qi-Gong-Kreislauf 40 f.
Qi-Gong-Stand 47 ff.

Radfahren 77
Rahmenbedingungen 44 f.
Regelmäßigkeit 16
Ritual *siehe Form*

Schnelligkeit 14
Schwingungsmuster 24
Selbsteinschätzung 26
Sitzmeditation 30 ff., 82
– Auf einem Stuhl 31
– Burmesische Sitzhaltung 32
– Ganzer Lotussitz 33

– Halber Lotussitz 33
– Japanische Sitzhaltung 32
Skilanglauf 81
Spazierengehen 76
Sport 80 f.
Stehmeditation 46, 83 f.
Stille 14 f.

Tai Chi 56 f.
Tai-Chi-Stand
   siehe Qi-Gong-Stand
Tanzmeditation 68 f.
Teetrinken 79
Telefonieren 73
Tennis 81
Tratak-Methode 39

U-Bahnfahren 74
Umgebung 44 f.

Vorstellungskraft 18 f.

Wandern 77
Windatem 55
Weiblich *siehe Yin*

Yang 24, 30
Yin 24, 30
Yoga 66 f.
– Purvottanasana 67
– Uttanasana 66

Zählmethode 38
Zweckfreiheit 13

Der Autor

Nicolaus Klein, geb. 1948, studierte zunächst Jura in München und war als Rechtsanwalt tätig, wandte sich dann aber ganz seiner inneren Berufung, der Beschäftigung mit Philosophie, Psychologie und Spiritualität zu, die ihn seit seiner Jugend faszinierte. Von 1976 bis 1988 Zusammenarbeit mit Thorwald Dethlefsen im Institut für außerordentliche Psychologie in München als Astrologe und Psychotherapeut (Heilpraktiker). 1988 Gründung des KENSHO-Instituts für Bewusstseinserweiterung und spirituelle Psychologie in München. Von Nicolaus Klein sind zahlreiche Buchveröffentlichungen zum Thema Astrologie und Meditation erschienen. Der von japanischen und koreanischen Meistern ausgebildete Meditationslehrer ist seit seinem 19. Lebensjahr Dan-Träger in Taekwondo, praktiziert seit 25 Jahren Qi Gong und Tai Chi und studierte in seiner weiteren Entwicklung die ZEN-Praxis bei dem 83. Rinzai-Zen-Patriarchen Oi Saidan Roshi, (Tofoku-ji, Myoshin-ji, Hoko-ji). Er leitet seit über 20 Jahren Meditations-, Kampfkunst- (Wushu-) und Fastenseminare.

Ausführliche Information über die Arbeit und die Seminare von Nicolaus Klein finden Sie auf der Website: www.nicolaus-klein.com

Inhalt der CD

1. Anleitung zur Meditation im Sitzen, 11:59 Minuten
2. Anleitung zur Meditation im Stehen, 7:37 Minuten
3. Anleitung zur Meditation im Liegen (Yogaschlaf), 14:49 Minuten
4. Weiterführende Bildermeditation im Liegen (Heilende Farben), 7:33 Minuten

IMPRESSUM

Bibliographische Information der Deutschen Bibliothek

Die Deutsche Bibliothek verzeichnet diese Publikation in der Deutschen Nationalbibliographie; detaillierte bibliographische Daten sind im Internet über http://dnb.ddb.de abrufbar.

BLV Buchverlag GmbH & Co. KG
80797 München

© 2005 BLV Buchverlag GmbH & Co. KG, München

Das Werk einschließlich aller seiner Teile ist urheberrechtlich geschützt. Jede Verwertung außerhalb der engen Grenzen des Urheberrechtsgesetzes ist ohne Zustimmung des Verlags unzulässig und strafbar. Das gilt insbesondere für Vervielfältigungen, Übersetzungen, Mikroverfilmungen und die Einspeicherung und Verarbeitung in elektronischen Systemen.

Hinweis

Das vorliegende Buch wurde sorgfältig erarbeitet. Dennoch erfolgen alle Angaben ohne Gewähr. Weder Autor noch Verlag können für eventuelle Nachteile oder Schäden, die aus den im Buch vorgestellten Informationen resultieren, eine Haftung übernehmen.

Bildnachweis

Alle Fotos von Sammy Hart,
außer:
Besendorfer, Eva: S. 7, 15, 25, 38, 41, 54, 55, 93
Clara, Diego: S. 76
Klein, Nicolaus: S. 89
Seer, Ulli: S. 80

Umschlaggestaltung: Joko Sander Werbeagentur, München
Umschlagfotos: Sammy Hart

Lektoratsleitung: Sabine Schulz
Lektorat: Manuela Stern
Herstellung: Angelika Tröger
Layoutkonzept Innenteil: fuchs_design, Ottobrunn
Layout und Satz: Buch & Konzept, Annegret Wehland, München

Gedruckt auf chlorfrei gebleichtem Papier

Printed in Italy
ISBN 3-405-16934-8

Damit Sie Körper und Seele in Einklang bringen

Siegbert Engel
Qi Gong – Das Übungsbuch
Mehr Ruhe und Kraft – der sanfte Weg zu mehr Vitalität und Lebensfreude: Geschichte des Qi Gong, Grundlagen, Übungen für Atmung, Haltung, Bewegung, Entspannung, Selbstmassage, Akupressur.
ISBN 3-405-16788-4

Ute Witt/Barbra Noh
Yoga – Das Übungsbuch
Die besten Übungen der verschiedenen Yoga-Ausrichtungen – undogmatisch vermittelt: Grundlagen, Geschichte, Atmung, Meditation; rund 70 Asanas (Körperhaltungen) mit Anleitung und Wirkung; mit vier Übungsprogrammen.
ISBN 3-405-16726-4

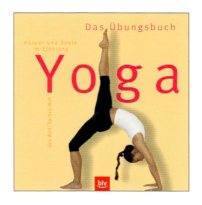

Monika Kaiblinger-Ickert/Ludmilla Schuhbauer
Bauchtanz – Harmonie und Sinnlichkeit
Die Gefühle tanzen lassen – der Bauchtanz-Grundkurs mit CD zum Üben: Einführung in die Grundprinzipien des Orientalischen Tanzes; die wichtigsten Schritte, Bewegungsfolgen und Basis-Kombinationen in 10 Übungseinheiten.
ISBN 3-405-16799-X

Joanna Hall
Get fit! Feel good!
Gesundheit und Wohlbefinden für Körper, Geist und Seele: effektive Übungen für jeden Fitness-Level und Tipps für mehr Bewegung im Alltag; mit Rezepten für Menüs und Snacks, die in Top-Form bringen.
ISBN 3-405-16656-X

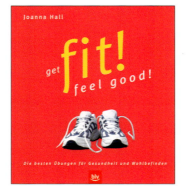

BLV Sportpraxis Top
Siegbert Engel
Richtig Tai Chi
Die Bewegungskunst, die Gesundheit, Fitness, Konzentration und Entspannung fördert: Geschichte des Tai Chi, Vorübungen, Grundelemente, die 24-Bilder-Form, Übungsempfehlungen.
ISBN 3-405-16659-4

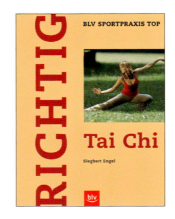

Amiena Zylla/Wolfgang Mießner
Yoga Basics
Das überzeugende Konzept für Einsteiger: mit vorbereitenden Übungen die jeweils beanspruchte Körperpartie vorab trainieren – die eigentlichen Yoga-Haltungen danach Schritt für Schritt und optimal vorbereitet erlernen.
ISBN 3-405-16851-1

Gunda Slomka/Petra Regelin
Stretching – aber richtig!
Der umfassende Ratgeber nach neuestem Stand der Sportwissenschaft: Grundlagen und Übungsprogramme für die gezielte Muskeldehnung, auch speziell für einzelne Sportarten und für verschiedene Alltagssituationen.
ISBN 3-405-16801-5

BLV Sportpraxis Top
Dieter Beh/Johannes Weingart
Richtig Qi Gong
Mit den sanften Bewegungsformen des Qi Gong entspannen und die innere Mitte finden; erstmals mit Osteopathie: Energieblockaden lösen durch Selbstbehandlung.
ISBN 3-405-16504-0

Im BLV Buchverlag finden Sie Bücher zu den Themen: Garten und Zimmerpflanzen • Natur • Heimtiere • Jagd und Angeln • Pferde und Reiten • Sport und Fitness • Wandern und Alpinismus • Essen und Trinken

Ausführliche Informationen erhalten Sie bei:
BLV Buchverlag GmbH & Co. KG
Postfach 40 02 20 • 80702 München
Telefon 089 / 127 05-0 • Fax -543 • www.blv.de